様々な分析手法からとらえた
音声の生成と知覚

様々な分析手法からとらえた音声の生成と知覚

浅野恵子・中野重雄・佐藤 努 著

**Speech Production and Perception Analyzed
by Various Research Methods**

Keiko ASANO, Shigeo NAKANO and Tsutomu SATO, 2019
Published in 2019 by Tokai University Press
Printed in Japan
ISBN978-4-486-02170-4

目次

第 1 章　はじめに ……………………………………………………………………… 1

第 2 章　PVI を用いた母音の長さ ……………………………………[中野重雄]…… 5
　　1．はじめに　5
　　2．世界の言語のリズム分類　5
　　3．実験　7

第 3 章　母音と子音の補償効果 ── 英語の母音長と音節長の PVI 値の比較
　　…………………………………………………………………[中野重雄]…… 19
　　1．はじめに　19
　　2．母音長と音節長　19
　　3．実験　20
　　4．補償効果とは　24
　　5．追分析　27
　　6．結論　29

第 4 章　弱形母音のフォルマントの比較 ……………………………[中野重雄]…… 31
　　1．はじめに　31
　　2．音質的な弱化とは　31
　　3．実験　33

第 5 章　コーパスに現れた制限的副詞と強化的副詞の音調パターンについて
　　…………………………………………………………………[佐藤　努]…… 45
　　1．はじめに　45
　　2．方法　47
　　3．結果　47
　　4．考察　49
　　5．結論　63

第 6 章　平板化の出現度合いとピッチ特性，およびその知覚について
　　…………………………………………………………………[佐藤　努]…… 65
　　1．はじめに　65
　　2．平板化現象　65
　　3．実験 1　読み上げ　66
　　4．実験 2　71
　　5．結論　74

● v

第 7 章　個音の継続時間長の割合と意味識別機能，文法的機能
　　　　　　　　　　　　　　　　　　　　　　　　　　　　　　　　［佐藤　努］…… 77
　　1．はじめに　77
　　2．分節素の継続時間長の割合（Durational Ratio）　78
　　3．世界の言語における長短母音・子音の分布　81
　　4．オセアニアの言語と DR　81
　　5．結論　85

第 8 章　速度から見た英語音声 …………………………………………［浅野恵子］…… 95
　　1．はじめに　95
　　2．英語の音声速度　95
　　3．準拠教材と母語話者の音声比較　105
　　4．英語の音声の特徴と発話速度　110
　　5．まとめ　115

第 9 章　音声語彙生成のメカニズム－言語流暢性検査から見た量的・質的検討
　　　　　　　　　　　　　　　　　　　　　　　　　　　　　　　　［浅野恵子］…… 119
　　1．はじめに　119
　　2．語彙生成　119
　　3．言語流暢性検査（Verbal Fluency Test）とは　121
　　4．全実験についての流れと説明　122
　　5．実験 1．日本人英語学習者習熟度別によるカテゴリー・
　　　　音韻流暢性検査の量的分析　122
　　6．実験 2．日本語話者，タイ語話者，アラビア語話者によ
　　　　るカテゴリー・音韻流暢性検査の量的・質的分析　124
　　7．実験3．日本語話者とタイ語話者の音韻流暢性検査による
　　　　Clustering and Switching 法による質的分析　131
　　8．実験 4．習熟度別日本人英語学習者における改訂版によ
　　　　る音声語彙生成過程の質的検討　133
　　9．まとめ　135

第10章　言語学習者における内的発話使用過程の研究 ………［浅野恵子］…… 139
　　1．はじめに　139
　　2．内的発話について　139
　　3．調査　143

おわりに ……………………………………………………………………………………… 155

索引 …………………………………………………………………………………………… 157

第1章
はじめに

「音声研究の分野は学際的研究分野の最たるもの」といわれて久しい．既存の確固たる音声学の"3A"と呼ばれる，調音音声学，音響音声学，聴覚音声学を基礎とし，様々な学問領域との融合・発展は加速度を増して展開している．

今回，従来の音声学についての概説書で扱われているような内容を踏まえ，さらにそれらを応用した「分析手法を用いた研究論文」を目指した．音声学をより広く知り，これから音声のどのような側面をどのように研究していくかを考えるうえでの手掛かりを与えるものとなるように構想を練り続けてきた．各章ごとに異なる分析手法を主題目とし，以下のとおり構成されている．

第2章：PVI (Pairwise Variability Index)

母音の長さの違いによる英語のリズムの違いを，日本人英語学習者と英語母語話者とで比較検討する．英語のリズムは強勢母音よりも無強勢母音の方が短くなるという特徴があるが，日本人英語学習者により発話された英語はそうならない傾向があるのではないか，という仮説を立て，それを検証する実験を行った．強勢母音と無強勢母音が交互に現れる文を日英語話者に読ませ，PVI (Pairwise Variability Index) を用いて，その隣り合う2つの母音長の平均値を比較した．

第3章：補償効果

第2章の研究を発展させたものとして，音節の長さの違いと，母音の長さの違いによる英語のリズムの違いを，日本人英語学習者と英語母語話者とで比較検討する．その結果，英語母語話者により発話された長母音・二重母音を含む音節と無強勢音節との長さの差が，それらの母音長の差と比べて小さいことが示唆された．これは長母音・二重母音を含む音節と無強勢音節との長さの差が

大きくなり過ぎないよう，強勢音節の子音の割合が小さくなるという，補償効果があるのではないか，と考えられる．

第4章：Centroid

　第2章での母音の長さの違いによる英語のリズムの違いの研究への付加的な研究として，無強勢母音の音質の違いを日本人英語学習者と英語母語話者とで比較検討する．英語では無強勢の弱形母音はあいまい母音である /ə/ になるが，日本人英語学習者により発話された英語の無強勢母音はそうならない傾向がある，という仮説を立てた．それを検証するため，無強勢母音の音質的な弱化の程度を日英語話者で比較検討した．

第5章：音声コーパス

　英語の文副詞とその音調，すなわちイントネーションとの関係について，イギリス英語を収録したコーパスを用いて検証する．clearly のような疑いを含まない話者の心的態度を表す副詞には下降調が伴うのに対し，possibly に代表される，ある種の疑いを表す副詞には上昇調が現れる，という文レベルで観察される傾向が，談話レベルではどの程度保たれるのかを調査した．apparently のような副詞は二つの異なった意味を持つが，イントネーション・パターンがこれらの意味の識別に機能するか，という問題についても扱う．

第6章：合成音声・ピッチ表示

　日本語のピッチ・アクセントを扱ったものである．本来，頭高型を持つとされる外来語が平板化される度合いを20歳代の被験者による読み上げ実験から明らかにし，ピッチ・パターンを収録，それらの形状についても観察する．さらに，これらのピッチ・パターンに基づいて行った音声合成から得られた刺激音が頭高型の語と判断されるか，あるいは平板型の語として認識されるのかについての知覚実験の結果についても報告する．

第7章：Durational Ratio

　日本語をはじめとする9言語の個音の長さ，すなわち継続時間長の長短によって識別される意味対立，および文法的機能について論じた，一般音声学的な論考である．母音や子音の長短の割合を比較するにあたっては，Durational

Ratio という算出方法を用い，長短母音のみならず，長短子音の割合は個別言語的に決定され，9言語間にその大小についての序列が見出されることを明らかにする．太平洋を取り巻く，オセアニアに属する言語の長短個音対立の割合と，それらの果たす文法的機能についても紹介する．

第8章：音声速度

英語の音声速度について検討する．まず，音声速度の機構について概略を説明する．次に，日本人英語学習者が英語を聴き取る際に，困難要因と思われる，速度変化による英語音声の特徴的変化と読解処理に要する速度について取り上げる．また，現在と約二十年前の教科書音声準拠教材の発話速度および，母語話者の自然発話時の速度を比較し検討する．日本英語学習者において，どのように音声速度の教材が提供されるべきか検証し，音声速度とは何かを考える．

第9章：VFT (Verbal Fluency Test)

言語流暢性検査（Verbal Fluency Test）という本来，臨床心理検査で用いられている手法を用いて，言語学習者の音声語彙生成の過程を検討する．この検査はある特定の文字から語彙を生成する音韻流暢性課題と，あるカテゴリーに属する物の名前を生成するカテゴリー流暢性課題の2種類から成り立っている．第二言語学習者と母語話者もしくはバイリンガル話者において，両音声語彙生成に異なる特徴があるかを量・質の両側面から観察する．さらに，生成語彙の質的相違の側面から，内在語彙の生成方法のプロセスを Clustering and Switching 法を用いて検討する．

第10章：質問紙形式

「内的発話」(Inner Speech) という，「声にならない声，自分自身への思考の道具としての心の声」を扱う．母語を習得する過程と第二言語習得時の発話獲得時で，機構，および役割にどのような相違があるかを検討する．さらに，日本人大学生における日常生活での内的発話の使用状況と，母語である日本語と，第二言語である英語使用時における内的発話の使用状況について調査する．特に，英語習熟度の異なる日本人英語学習者において，グループ間に特異性があるかを分析した．その際に言語習得過程でどのように内的発話が使用されているかの検証を McCathy-Jones & Fernyhough (2011) の質問紙形式にて試みる．

以上のように，音声学を各自の音声研究領域に応じて応用し，様々な手法を用いて分析と考察を試みたが，これらの内容がこれから音声学を志す方々にとって少しでも役立つものとなれば，我々執筆者たちにとって望外の喜びに他ならない．

2018年　錦秋の候にて

第2章
PVIを用いた母音の長さ

中野重雄

1. はじめに

　本章では，言語音声のリズムについて取り扱う．まず英語と日本語のリズムの違いについて，また一般的な言語のリズム分類について述べる．次に日本人英語学習者が陥りやすい英語のリズムの誤りを筆者が立てた予測をもとに行った実験について述べる．その予測とは，日本人英語学習者による英語の強勢母音と無強勢母音の長さの差が，英語母語話者のそれと比較して小さいのではないか，ということである．より具体的には，英語の強勢母音は英語母語話者によって長めに，無強勢母音は短めに発音されるが，日本人英語学習者の英語発話はそうならない傾向があり，すなわち両者が同じ長さで発音される．それが英語母語話者の英語とは異質のリズムになる一因なのではないか，と考えた．それを検証するために，PVI（Pairwise Variability Index）という指標を用いた実験を行った．

2. 世界の言語のリズム分類

2.1 強勢拍リズム

　英語のリズムは「強勢拍リズム」'stress-timed rhythm' と呼ばれ，強勢音節と，その後に続く無強勢音節のグループがリズム単位である．強勢音節は強く長く，無強勢音節は弱く短く発音される．グループ内の無強勢音節の数が異なっても，その単位ごとの長さはほぼ等しくなる傾向があり「等時性」'isochrony' と呼ばれる（Lehiste 1977）．そのためグループ内の無強勢音節の数が多くなるほど，1つひとつの音節の長さは短くなる．このリズムのタイプは他にドイツ語，オランダ語等がある．

(1) l e a d / l e a d e r / leadership

　英語の発話の中で冠詞・前置詞・助動詞等の機能語は通常弱く短く発音される．また名詞・動詞等の内容語の無強勢音節も弱く短く発音される．

(2) The fireman should have escaped from the building.

　逆に強勢音節は際立って発音され，その無強勢音節との強弱のリズムが英語らしさを生む要素の1つである．

2.2　音節拍・モーラ拍リズム

　もう1つのリズムは「音節拍リズム」'syllable-timed rhythm'と呼ばれ，すべての音節の長さが等しくなる傾向にあるため，音節がリズムの単位である．フランス語・イタリア語・スペイン語等がある．フランス語の例を挙げる．

(3) Bonjour Mademoiselle. Comment allez-vous?

　日本語も音節拍リズムに近いが，「モーラ」を単位とする（Trubetzkoy 1969, p.174）ため，「モーラ拍リズム」'mora-timed rhythm'と呼ばれる．モーラとは音節（シラブル）をさらに分けた単位で「拍」とも呼ばれる．モーラは1つひとつの長さが大体同じ程度である（Han 1962）ため，数が多いほどその分全体は長くなる．この点で英語と異なる．次に日本語の例を挙げる．

(4)　リード / リーダー / リーダーシップ

2.3　言語のリズム分類とPVI

　言語のリズム分類は大抵，「強勢拍リズム」か「音節拍リズム」のどちらか，という議論がなされてきた．これらの用語を最初に用いたのはPike（1945）であるが，それらの定義を確立させ，広く認知させたのはAbercrombie（1967）である．しかし最初これらの物理的な検証には問題があった．例えば音節拍リズムの言語で音節の長さにかなりの差異がある（Wenk and Wiollard 1982,

Borzone de Manrique and Signorini 1983)という例や,強勢音節間の長さが強勢拍リズムと音節拍リズムとで変わらない(Roach 1982, Dauer 1983)という例があり,この分類法は疑問視された.

このような中で,リズムを絶対的なカテゴリーではなく,どちらにどの程度近いか,という程度問題でとらえる(Miller 1984)という見方が出てきた.これを機に,1990年代以降,これらの程度を計算する数式が発達し,その代表としてまず出てきたのが,Ramus et al. (1999)のIM (Interval Measures)である.彼らはΔV(複数の単語にまたがる母音区間の長さの標準偏差),ΔC(複数の単語にまたがる子音区間の長さの標準偏差),%V(母音区間の発話全体に対する%)を測定し,それらのうち2つの要素を図にしてプロットした.例えば,ΔCが高く,%Vが低ければ強勢拍リズムになる,といった分類法を行った.そしてそれとほぼ同時期に出てきたのがLow and Grabe (1995), Low et al. (2000)によるPVI (Pairwise Variability Index,以下PVI)である.これは発話の隣り合う2つの単位(母音・音節等)の長さの発話全体の平均を数値で表したもので,数値が高いほど強勢拍リズムに近く,低いほど音節拍リズム,またはモーラ拍リズムに近くなるというものである(詳細後述).これは2000年以降多くの研究者たちに用いられている.

3. 実験

次に筆者が実際に行った実験について述べる.日本人英語学習者と英語母語話者の英語の発音が大きく異なるのは周知の事実であるが,それは母音や子音といった個々の音だけの違いではない.すなわち,ストレスやリズム,イントネーションといった超文節素(個々の音でなく,複数の音素にまたがる要素)にも大きな違いがあり,むしろそちらの方がコミュニケーション上深刻な問題を引き起こすことがある.特に筆者は先述のように日本人英語学習者と英語母語話者の英語のリズムの違いに着目した.英語母語話者による英語は,例えばアメリカ大統領や政治家によるスピーチ,野球のメジャーリーグ等の実況アナウンスを聞いても,独特のうねりのようなリズムがある.これは1つには強勢母音と無強勢母音の長さの違いによるモールス信号のようなリズムによるものだといわれる(Lloyd 1940).日本人英語学習者の英語にこのリズムがないのは,日本語の影響,すなわち長さに差異のないモーラの影響と考えられる.筆

者はより具体的な要因として,「強勢母音と無強勢母音の長さの差異が英語母語話者と比較して少ないからではないか」という予測を立てた. そこでこれを検証するための実験を試みた.

3.1 目的

この実験の目的は, 英語発話の中で強勢母音と無強勢母音の長さの差が, 日本人英語学習者の方が英語母語話者と比較して少ない, という予測をもとに, それを検証することである. ただし, 強勢母音と一口にいっても, 短い短母音と長い長母音または二重母音とがある. 長母音と無強勢母音の長さを比較しても当然長母音の方が長くなるだろうから, これらを比較したところであまり意味がないので, 短母音である強勢母音と無強勢母音を比較した方が有意義であると考えた.

3.2 被験者

被験者は英語母語話者, 日本人英語学習者各2名で, 英語母語話者は実験当時日本の大学の留学生である. 1人はアメリカ人女性（22歳）で, 日本滞在歴は2か月である. もう1人はカナダ人男性（22歳）で, 日本滞在歴は7か月である. いずれも日本語学習歴がある. 本来日本語学習歴はない方が望ましいが, 本実験ではそのような被験者を見つけられず, やむを得ず日本語学習歴のある英語母語話者を採用した.

日本人英語学習者の被験者は, 1人が日本の大学法学部出身の男性（25歳）で, もう1人は同じ大学の社会学部在学生の女性（20歳）である. いずれも海外での滞在・留学経験はない.

3.3 実験方法

まず被験者に読み上げてもらう実験文を8文作成した. そしてそれを被験者（英語母語話者男女2名, 日本人英語学習者男女2名, 計4名）に静かな音楽用スタジオで5回ずつ読み上げてもらい, SonyのPCMボイスレコーダー (Linear PCM Recorder PCM-M10) で録音した. その音声データを音声分析ソフトPraatのスペクトログラム, 波形, ピッチ表示, 強度表示, また音声を聴き, 聴覚印象を用いて分節した. 母音のフォルマント推移のはじめの部分と, そのフォルマントが終わるところで分けた. その母音長を測定し, PVIを計算

したのち，5回の平均値を日本人英語学習者と英語母語話者とで比較した．

3.4 PVI (Pairwise Variability Index)

ここでは詳しい計算方法を述べることにする．PVI とは次のような数式で表される．

$$nPVI = 100 \times \left[\sum_{k=1}^{m-1} \left| \frac{d_k - d_{k+1}}{(d_k - d_{k+1})/2} \right| / (m-1) \right]$$

一見難解な数式のように見えるが，数学ができなければ理解できないというものではない．次の説明を読めば，小学生レベルの計算の集合体であることがわかるだろう．

まず d はその単位（母音，音節等）の長さを表す．k はその単位が発話の何番目かを表す．m は発話全体の単位の数を表す．一番重要なのは数式中央の分数の分子の部分であるが，$d_k - d_{k+1}$ は k 番目の単位の長さから，その次の単位の長さを引く．すなわち，1番目の単位の長さから2番目の単位の長さを，2番目の単位の長さから3番目の単位の長さを引く，ということである．次に分数の分母の部分であるが，これは分子と同じ2つの単位の長さの平均である．つまりこれらの2つの単位の長さの差を，その平均で割る，ということである．

nPVI の n とは normalized「正規化された」という意味である．元々 $(d_k + d_{k+1})/2$ の部分はなく，すなわち2つの単位の長さの差をその平均で割るということはしていなかった．しかしこの方法だと話す速度が途中で変わった場合に結果の数値に歪みが生じるため，長さの差自体ではなくそのペアの平均値に対する割合にすることで歪みをなくそうとするものである．例えば，少し極端な例であるが，発話の途中で突然話す速度が倍になってしまった場合，単位の長さが半分になり，その部分の単位のペアの長さの差は当然，発話全体の平均値に影響してしまう．そこで，その半分の長さになった単位の平均値に対する割合にすれば，すべてのペアを同列に扱っても問題はなくなるということである．正規化されてないものは rPVI（r は 'raw'「生の」）と呼ばれ，nPVI と使い分けている研究もある（Grabe and Low 2002）．

またこの分数の左右にある縦棒は，その内側を絶対値にする，すなわちマイナスであればプラスにする，ということを表す．というのは，もし d_k よりも d_{k+1}

表2.1 いくつかの言語の PVI の数値例
（Grabe and Low 2002, Ladefoged 2006より）

言　語	PVI
タイ語	65.8
オランダ語	65.5
ドイツ語	59.7
イギリス英語	57.2
ポーランド語	46.6
フランス語	43.5
日本語	40.9
スペイン語	29.7
中国語	27.0

の方が長ければ，この分数の値はマイナスになり，このままでは発話全体の平均値は出せない．そのためこれをプラスの値にする必要があるのである．

次にΣ（シグマ）であるが，これはその右側にある部分，すなわち分数の絶対値を合計するという意味である．その上下にある $k=1$ と $m-1$ は，d_k の k が1から $m-1$ 番目（最後から2番目まで）という意味で，すなわち，最初のペアから最後のペアまでの分数の合計という意味であり，後に計算例を示す．そしてこれを $m-1$ で割るのであるが，この $m-1$ とはペアの数である．発話全体の単位の数よりも，隣り合う2つの単位の組の方が1つ少なくなるので，−1となるのである．つまり隣り合う2つの単位の長さの差の合計を，その組の数で割ることで，全体の平均を出すのである．

最後に100を掛ける．数値が1以下の少数になるので，扱いやすい数値にするためである．単位は特にない．その結果算出された数値が50を基準に，それよりも高くなると強勢拍リズムに，低くなると音節拍リズムまたはモーラ拍リズムに近づくとされる．

表2.1にいくつかの言語の PVI の数値例を挙げる（Grabe and Low 2002, Ladefoged 2006）．表の最初の4つの言語，すなわちタイ語，オランダ語，ドイツ語，イギリス英語はいずれも強勢アクセントを持っていて母音の長さの変動が大きく，より「強勢拍リズム」的な言語といえる．一方フランス語，日本語，スペイン語，中国語などは母音の長さにそれほどの変動がなく，より「音節拍リズム」的言語といえる．すなわち英語は数値が高く，日本語は数値が低

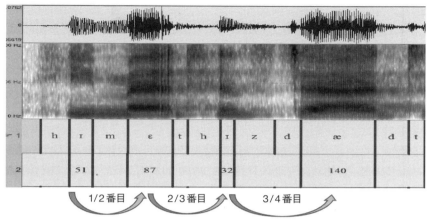

図2.1　例文の波形・スペクトログラム・母音長

くなる．また日本人英語学習者の発話する英語も英語母語話者に比べて数値は低くなると予測される．PVI の最高値は約200であり，最低値は 0 である．

次に，英文の具体的な例を挙げながら，PVI の計算の例を挙げる．"He met his dad." という，本実験の一文の最初の部分の母音長の PVI 値を提示してみる．図2.1は被験者の英語母語話者が発話した例文の波形とスペクトログラムを用いて分節し，母音長を記したもので，数値の単位は ms（ミリセカンド，1000分の 1 秒）である．

まず，1・2番目の母音長を計算する．$\left|\frac{51-87}{51+87/2}\right| = 約0.52$

続いて 2・3番目　$\left|\frac{87-32}{87+32/2}\right| = 約0.92$

3・4番目　$\left|\frac{32-140}{32+140/2}\right| = 約1.26$

合計2.7を組の数 3 で割ると0.9
$0.9 \times 100 = 90$　　PVI = 90　ということになる．

3.5 先行研究

Low et al. (2000) において，シンガポール人と英国人の英語の母音長を PVI で計算，比較した．シンガポール人の英語は強勢母音と無強勢母音の長さの差が英国人と比べて少なく，音節拍リズムに近いと予測した．シンガポール人の英語母語話者の PVI 値45は英国人の PVI 値76より低く，予測を支持したものであった．すなわちシンガポール人の英語の母音長の差が英国人よりも少ないことを示唆した．

Satoi et al. (2006) では，日本人英語学習者と英語母語話者（英国人・米国人・ニュージーランド人）の英語の母音長を PVI で計算し，比較した．日本人英語学習者の英語は，強勢母音と無強勢母音の長さの差が英語母語話者と比べて少なく，英語母語話者のリズムと異なると予測していた．日本人英語学習者の英語の PVI 値35は英語母語話者の PVI 値85より低く，予測を支持していた．

3.6 実験文

本実験を行うに当たり，まず被験者に読み上げてもらう英文を作成する必要があった．というのは，PVI を用いて計算するために，それに合った英語の文が必要だったからである．

PVI というのは先に述べた如く，2つの隣り合う母音の長さの差の平均を出すためのものである．すなわち，英語の場合は強勢母音と無強勢母音が1つずつ交替する場合に最も数値が高くなるはずである．ところが英語というのは必ずしも強弱が1つずつ交替するわけではない．長・二重母音がいくつか続くこともあれば，弱形母音がいくつか続くこともある．そしてそのような部分は当然 PVI の値は低くなるはずである．すなわち英語であれば必ず PVI 値が高くなるというわけではないのである．逆に英語で同じような長さの母音がいくつか続く部分を日本人英語学習者が読み上げた場合に，必ずしも PVI の数値が低くなるわけではない．実は筆者が最初に予備実験として実験文を作成し，1人のアメリカ人と2人の日本人英語学習者に読み上げてもらって実験したところ，日本人英語学習者の方の数値が高いという結果が出た．理由は色々と考えられたが，最も有力と思われる理由は，実験文の中に無強勢母音が2つ続く部分がいくつかあったことである．もちろんそのような英語の方がより自然な英語に近く，この結果はこの結果で重要である．しかし本実験で検証したいことはあくまでも強勢母音と無強勢母音の長さの差の比較であり，それが最も比較

しやすい条件を整える必要があった．そのためには強弱が1つずつ交替する英文を作成し用いる必要があったのである．

そこで以下のような英文を2種類各4文ずつ作成した．強勢母音と無強勢母音が交互に来るという点で共通しているが，1つは強勢母音が短母音（/æ/→/ə/→/ɑ/ のような母音の並び Short Vowel Set 以下 SV），もう1つは強勢母音が長母音または二重母音（/ɑ:/→/ə/→/aɪ/ のような母音の並び Long Vowel / Diphthong Set 以下 LD）の文である．前述のように本実験の目的は短母音の強勢母音と無強勢母音との比較であり，長・二重母音を用いた LD は単に短母音の文 SV との比較・参考のためという，副次的な意味で作成したものである．以下にそれらの文を挙げる．

(5) Short Vowel Set
1．Ann should give her son a cup of milk (now).
   æ   ə   ɪ   ə ʌ ə ɪ
2．He met his dad to tell him not to (drink).
   i e ɪ æ ə e ɪ ɑ ə
3．This was not the man who hit them that (day).
   ɪ ə ɑ ə æ ʊ ɪ ə æ
4．We think that Tom can run as fast as (Nick).
   i ɪ ə ɑ ə ʌ ə æ ə

(6) Long Vowel / Diphthong Set
1．I am nice to those who make me feel (fine).
   aɪ ə aɪ ə oʊ ʊ eɪ   i   i:
2．The boy must start to do the work at (once).
   ə ɔɪ ə ɑ: ə u: ə ɜ: ə
3．They have thought of Jane for more than two (years).
   eɪ ə ɔ: ə eɪ ə ɔ: ə u:
4．We came from home just now to do the (work).
   i eɪ ə oʊ ə aʊ ə u: ə

文末の語が括弧書きになっているのは発話の最後の部分が長くなる傾向があり，分析から外したためである．

3.7 予測

第一の予測は，日本人英語学習者よりも英語母語話者の方がどの文も PVI 値が高いということである．日本人英語学習者の方が母音の長短の差が少ないという前提に立っているためである．特に LD で顕著であると予測されるが，SV でも同様であると考えられる．

第二の予測は，まず英語母語話者は SV よりも LD の方の PVI 値が高いということである．これは後者の方が長短の差が出やすいと考えられるためである．また日本人英語学習者も同じ傾向はあると予測されるが，無強勢母音が短くならないため，英語母語話者ほどの差は出ないと考えられる．

3.8 結果

まず英語母語話者と日本人英語学習者全体の PVI 値の比較の結果を図2.2に示す．SV の英語母語話者の PVI 値は66.8，日本人英語学習者の PVI 値は37.5であった．t 検定を行った結果 $t=12.45$, $p<.001$で有意差があった．LD は英語母語話者の PVI 値が89.2，日本人英語学習者の PVI 値は39.9であった．$t=12.64$, $p<.001$で有意差があった．SV・LD 共に英語母語話者の方の PVI 値が高かった．

図2.3に英語母語話者と日本人英語学習者の各被験者の結果を示す．男女共に英語母語話者の方が日本人英語学習者よりも数値が高いが，女性の方がどちらも高いことが興味深い．

次に各文の結果を示す．まず図2.4に SV の結果を示す．文によって差の程度に幅があるが，どれも英語母語話者の方が高い．図2.5に1人ずつの結果を示す．Sentence1の日本人英語学習者，Sentence3の英語母語話者は男性の方が高いが，後はやはり女性の方が高い．

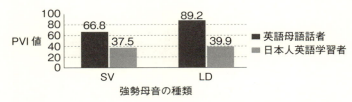

図2.2　英語母語話者と日本人英語学習者全体の PVI 値の比較

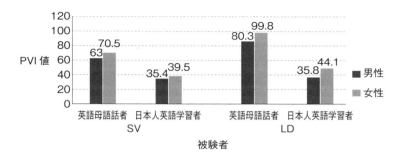

図2.3 英語母語話者と日本人英語学習者各被験者の PVI 値の比較

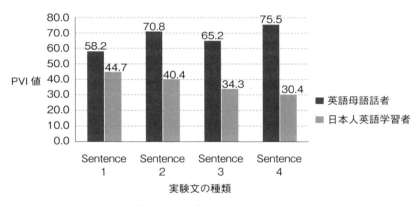

図2.4 SV 各文の PVI 値

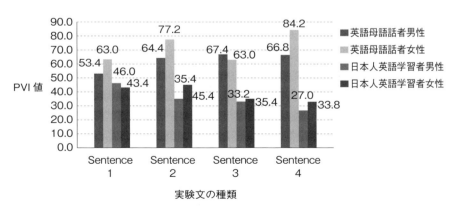

図2.5 SV 各文1人ずつの PVI 値

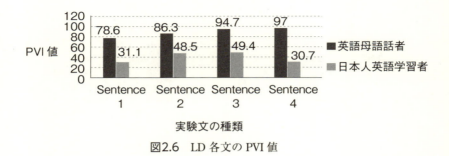

図2.6 LD 各文の PVI 値

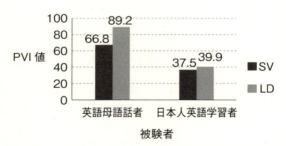

図2.7 LD 各文1人ずつの PVI 値

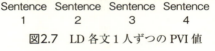

図2.8 SV と LD の PVI 値の比較

　LD 各文の PVI 値の結果を図2.6に，1人ずつの結果を図2.7に示す．Sentence4 の英語母語話者のみ男性の方が高いが，SV 同様女性の方が高い文が多い．

　最後に，SV と LD の比較の結果を図2.8に示す．英語母語話者の方は SV が66.8，LD が89.2であった．t 検定では $t=6.1$，$p<.001$ で有意差があった．日本人英語学習者の方は SV が37.5，LD は39.9．t 検定では $t=0.92$，$p=0.36$ で有意差はなかった．

3.9 考察

「日本人英語学習者よりも英語母語話者の方がどの文も PVI 値が高い」という第一の予測に関しては支持される結果が出た．特に SV の方で英語母語話者の方が高かったことは本実験で最も検証したかったことであり，重要な結果である．女性の方が高くなる傾向も，さらに検証する必要があるといえよう．

第二の予測に関しては，「英語母語話者は SV よりも LD の方の PVI が高い」という予測は支持された．しかし，「日本人英語学習者も同じ傾向があると予測されるが，無強勢母音が短くならないと考えられるため，英語母語話者ほどの差は出ない」という部分は支持されたかどうかは疑問である．結果だけを見れば予測に近いが，有意差がないということは「同じ傾向がある」とはいえず，予測が支持されたとはいえない．当初は，長・二重母音と弱化（無強勢）母音を比較しても長さに差が出るのは当然であると考え，これらを比較してもあまり意味がないと思われた．日本人英語学習者における LD の PVI 値が SV のそれと有意差がないとはまったく予想できなかったことであり，興味深い結果となった．

3.10 結論

第一の予測に対する結果として，SV および LD において英語母語話者が日本人英語学習者よりも PVI 値が高かった．また第二の予測に対する結果として，英語母語話者は SV よりも LD の方の PVI 値が高く，日本人英語学習者には有意差がなかった．これは日本人英語学習者が短母音との比較でも，長母音との比較でも無強勢母音との長さの差が少ないことを示している．すなわち，日本人英語学習者の英語の強勢母音と無強勢母音の長さの差が英語母語話者に比べて小さいことを示唆していた．

参考文献

Abercrombie, David (1967) *Elements of General Phonetics*. Edinburgh. U.K.: Edinburgh University Press.

Borzone de Manrique, Ana Maria and Angela Signorini (1983) Segmental duration and rhythm in Spanish. *Journal of phonetics* 11, 117-128.

Dauer, R. M. (1983) Stress-timing and Syllable-timing Reanalyzed. *Journal of phonetics* 11, 51-62.

Grabe, Esther and Low Ee Ling (2002) Durational Variability in Speech and the Rhythm Class Hypothesis. *Laboratory Phonology*.

Han, Mieko Shimizu (1962) The Feature of Duration in Japanese. 音声の研究 10. 81-100.
服部範子（2012）『入門英語音声学』東京：研究社.
Ladefoged, Peter (2006) *A course in phonetics. Fifth Edition.* Boston, U.S.A.: Thomson Wadsworth.
Lehiste, Ilse (1977) Isochrony Reconsidered. *Journal of Phonetics*, 15(3), 253-263.
Lloyd, James Arther (1940) *Speech Signals in Telephony.* London: Pitman.
Low, Ee Ling and Esther Grabe (1995) Prosodic Patterns in Singapore English. *Preceding of the VIIIth International Congress of Phonetic Sciences, Stockholm,* 13-19 *August: Volume* 3, 636-639.
Low, Ee Ling, Esther Grabe and Francis Nolan (2000) Quantitative Characterizations of Speech Rhythm: Syllable Timing in Singapore English. *Language and Speech* 43, 377-401.
Miller, M. (1984) On the perception of rhythm. *Journal of Phonetics* 12, 75-83.
Nakano, Shigeo (2013) The Comparison of English Rhythm between Japanese EFL Learners and English Native Speakers. *MA thesis.* Meijigakuin University.
Pike, Kenneth (1945) *The intonation of American English Volume* 1. Ann Arbor. University of Michigan Press.
Roach, Peter (1982) On the Distinction between 'Stress timed' and 'Syllable timed' Languages. *Linguistic controversies, ed. D. Cristal.* 73-79.
佐藤　寧・佐藤　努（1997）『現代の英語音声学』東京：金星堂.
Satoi, Hisaki, Machiko Yoshimura and Satoshi Yabuuchi (2006) The Relationship between English Speech Rhythm and Vowel Reduction in Production: Comparison Between Japanese EFL & Native English Speakers. *Language Education and Technology.* 42, 59-72.
Thomas, R. Eric (2011) *Sociophonetics An Introduction.* U.K.: Palgrave Macmillan.
Trubetzkoy, N.S. (1969) *Principle of Phonology* (Translated by C. A. M. Baltaxe). Los Angeles: University of California Press.

第3章
母音と子音の補償効果
── 英語の母音長と音節長のPVI値の比較

中野重雄

1．はじめに

　第2章では，PVIにより母音長の英語リズムの日英語話者間での比較を行った．本章では，PVIの音節長による比較を行い，母音長との違いを比較検討した．その結果，英語母語話者は長母音，二重母音を含む音節と無強勢音節が交互に現れる文では母音長よりも音節長のPVI値が低かったということがわかった．このことから，「母音長が長くなる分，隣接する子音の，音節に対する割合が少なくなり，音節長が長くなりすぎないようにする」という，子音の補償効果の仮説をもとに，検証を試みた．

2．母音長と音節長

　第2章において英語の母音長によるPVI（Pairwise Variability Index）の日英語話者の比較を行った．PVIとは，一言でいえば，2つの隣り合う単位（母音・音節等）の長さの差の，発話内のすべての2つの隣り合う組の平均値であり（詳細は第2章参照），単位はない．英語母語話者による英語は数値が高く，日本語は低いとされている（Grabe and Low 2002, 第2章表2.1参照）．第2章における実験で，英語母語話者よりも日本人英語学習者のPVI値が低かったという結果が得られた．これは2つの先行研究の結果とも一致するものであり，筆者の予測を支持するものでもあった．
　本研究では，母音長ではなく音節長でのPVIの比較を行ってみた．英語は強勢拍リズムの言語であり，強勢音節とそれに続く無強勢音節がリズムの単位になっているからである．すなわち，英語のリズムのもとになっているのは音節

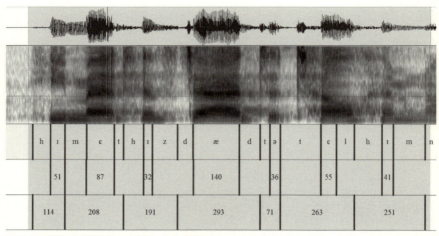

図3.1　英語母語話者の女性による発話 "He met his dad to tell him not to drink." の一部の波形とスペクトログラム

であり，その長さの PVI を日英語母語話者で比較することも，母音長と同様に重要であると考えたからである．また，母音長の PVI と比較検討することにより，それぞれの特性があるかもしれないと考えられるからである．

3．実験

3.1　実験方法

　第2章と同じ実験文，被験者による同じ音声データを用いて，強勢音節と，隣接する無強勢音節の PVI を計算し，日英語話者で比較した．図3.1に，英語母語話者の女性による発話 "He met his dad to tell him not to drink." の波形，スペクトログラムの一部を示す．分節は波形，スペクトログラム，ピッチ曲線，強度表示，音声再生による聴覚印象を用いて行った．発音記号の下の数値は，上段が母音長，下段が音節長である．単位はいずれも msec（ミリセカンド，1000分の1秒）である．母音はフォルマント推移の最初の部分から，阻害音は閉鎖の部分から分節した．

3.2　先行研究

　PVI を用いた英語のリズム研究は母音長を比較したものが多く（Low and

Grabe 2000, Satoi et al. 2006），音節長を比較したものはあまり見当たらなかった．1つ挙げるとすれば，Deterding (2001) によるもので，Low and Grabe (2000) 同様にイギリス人とシンガポール人の英語のリズムを比較したものである．ただし，Low and Grabe (2000) が筆者らの作成した実験文を使用しているのに対し，Deterding (2001) は自由発話の文を使用している．また Low and Grabe (2000) が nPVI という，発話途中で話速が変化したときにそれを基準化する（n は normalized の略）手法を使用しているのに対し，Deterding は VI (Variability Index) という，基準化しない手法を使っている．また，発話の最後の音節が長くなる傾向がある，いわゆる句末伸長化という理由で，最後の音節を分析から外している．本実験においても，発話の最後の音節を分析から外した．結果的には，Low and Grabe (2000) 同様に，英語母語話者の方が，シンガポール人英語話者よりも数値が高かった．すなわち，シンガポール人英語話者に発話された英語において隣接する音節長の差が少なく，音節拍リズムに近いということが示唆された．

3.3 実験文

本実験で使用した実験文は，第2章で使用したものと同じで，強勢音節と無強勢音節が交互に来るという点で共通しているが，1つは強勢母音が短母音 (Short Vowel Set)，もう1つは強勢母音が長母音または二重母音 (Long Vowel /Diphthong Set) を含んだ文である．

(1) Short Vowel Set
1．Ann Should give her son a cup of milk (now).
　　æ　　ə　　ɪ　　ə　　ʌ　ə　ʌ　ə　　ɪ
2．He met his dad to tell him not to (drink).
　　　i　ɛ　ɪ　　æ　ə　ɛ　ɪ　　ɑ　ə
3．This was not the man who hit them that (day).
　　　ɪ　ə　ɑ　ə　æ　　ʊ　ɪ　ə　　æ
4．We think that Tom can run as fast as (Nick).
　　　i　ɪ　　ə　ɑ　　ə　ʌ　ə　æ　ə

(2) Long Vowel / Diphthong Set
1．I am nice to those who make me feel (fine).
　　aɪ ə　　aɪ　ə　oʊ　　ʊ　eɪ　　i　i:

2. The boy must start to do the work at (once).
　　ə　ɔɪ　ə　ɑː　ə　uː　ə　əː　ə

3. They have thought of Jane for more than two (years).
　　eɪ　ə　ɔː　ə eɪ　ə　ɔː　ə　uː

4. We came from home just now to do the (work).
　　iː eɪ　ə　oʊ　ə　aʊ　ə uː ə

3.4 被験者

　被験者は第2章の実験と同じ英語母語話者，日本人英語学習者2名ずつで，英語母語話者は実験当時日本の大学の留学生である．1人はアメリカ人（女性22歳）で，日本滞在歴2か月である．もう1人はカナダ人（男性22歳）で，日本滞在歴7か月である．いずれも日本語学習歴がある．本来日本語学習歴はない方が望ましいが，本実験ではそのような被験者を見つけられず，やむを得ず日本語学習歴のある英語母語話者を採用した．

　日本人の被験者は，1人が日本の大学法学部出身（男性25歳）である．もう1人は同大学社会学部の在学生（女性20歳）である．いずれも海外での滞在・留学経験はない．

3.5 予測

　英語は強勢リズムの言語（第2章参照）であり，強勢音節は無強勢音節よりも長くなる傾向にある（Lehiste 1976）．したがって，母音長と同様に英語母語話者のPVI値は日本人英語学習者のものよりも高くなると予測できる．

　また，母音長では英語母語話者のLong Vowel/Diphthong SetのPVI値がShort Vowel Setよりも高かったが（89.2：66.8），音節長ではさほど大きな差は出ないのではないかと思われる．また，Short Vowel Setの母音長のPVI値である66.8という数値も，英語のPVI値としては十分に高い数値であり，あまり高くなりすぎるとかえってリズムが不自然になるので，そうならないように調節する作用が働くのではないかと思われる．いずれにしても明確な根拠を示す先行研究がない．

　まとめると，次のようになる．

　予測1．英語母語話者の音節長のPVI値は日本人英語学習者のものよりも高くなる．

予測 2．英語母語話者の音節長の PVI 値は Long Vowel / Diphthong Set と Short Vowel Set とでは母音長の PVI 値ほど大きな差は出ない．

3.6 結果

まず，音節長の PVI 値の結果を図3.2に示す．

次に，母音長の PVI と比較したものを図3.3に示す．以下，Short Vowel Set を SV で，Long vowel / Diphthong Set を LD で表す．

また，これを被験者別に比較したものを図3.4に示す．

図3.3が示すように，音節長の PVI 値も母音長同様に英語母語話者の PVI 値 (SV = 65.9，LD = 62.4) の方が日本人英語学習者 (SV = 41.5，LD = 36.2) よりも高く，第一の予測である「英語母語話者の PVI 値は日本人英語学習者のものよりも高くなる」は支持された．また図3.4が示すように，英語母語話者の LD は 2 人とも母音長の PVI 値（女性98.0，男性80.3）よりも音節長の PVI 値（女性61.8，男性63.0）の方が低く，彼らの SV の音節長の PVI 値（女性65.1，男性66.8）と大きな差はない．したがって第 2 の予測である「英語母語話者の PVI 値は Long Vowel / Diphthong Set と Short Vowel Set で母音長の PVI 値ほど大きな差は出ない」を支持している．

3.7 考察

ではなぜ，英語母語話者の LD の音節長の PVI 値が，母音長の PVI 値よりも低くなったのだろうか．予測のセクション（3.5）で筆者は「あまり PVI 値が高くなりすぎるとかえってリズムが不自然になるので，そうならないように調節

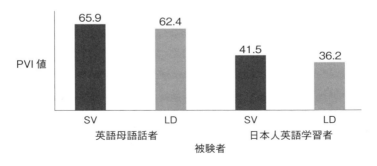

図3.2　音節長による PVI の日英語話者の比較

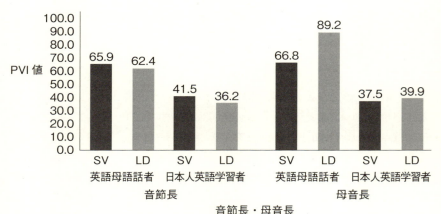

図3.3 音節長と母音長の PVI の比較

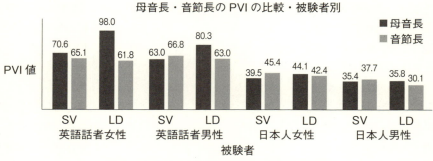

図3.4 音節長と母音長の PVI の被験者別比較

する作用が働くのではないかと思われる」と述べたが，もう少し具体的に述べるとすれば，母音長のみだと強勢母音（長・二重母音）と無強勢母音との長さの差が大きすぎるため，強勢母音の同音節内の子音がその分短くなり，音節が長くなりすぎないようにする補償効果があるのではないか，と考えられる．

4．補償効果とは

4.1　言語音の時間長の補償効果

　一般的な意味での「補償」とは，「欠けている部分を補う」というように，

足りない部分を埋めるために，他の部分が増えるという意味で使われる．言語音の時間的な補償効果（補償現象ともいわれる）に関して，Lehiste (1971) は次のように述べている．

最近の多くの研究 (Kozhevniov and Chistovich 1965, Slis 1968) において，話者が同じ発話を同じ速度で何度も繰り返す際，隣接する音素の長さが非常に強く反比例の関係になることが示唆されている．すなわち，ある音素長で間違いが起きると，その間違いが次の音素で大きく埋め合わされ，たとえその開始時間が遅れても，本来予定されていた時間に終わる．このような反比例の関係が示唆していることは，発話行為とは，1つの音素ではなく，より高次元の（ここでは特定しないが）発話単位で行われるようにプログラムされているということである．これらのより高次元の発話単位の範囲を特定する1つの方法は，この補償現象が起こる範囲を特定することであろう．なぜなら補償現象の起こりやすい音連続が1つの発話プログラムを構成すると仮定することは妥当なことだからである．

このことが示すように，言語音の時間長による補償効果とは，「足りないものを埋め合わせる」だけでなく，逆に「そのままだと多すぎるものを減らしてちょうどよくする」という意味も含まれる．すなわち，その音が短すぎたら次の音が長く，その音が長すぎたら次の音が短く，という反比例の関係になることで，最終的にそれらの音が同じ長さである場合と同じ長さで終わるように調節するという意味で使われる．

4.2 補償効果の先行研究

まず日本語の先行研究をいくつか見ていく．Han (1962) は，日本語のモーラはその1つひとつが大体同じ長さになる，と述べている．彼女は実験で，促音や撥音など，ある音素自体がモーラになるとき，CV構造のモーラ内よりも長く，すなわちモーラ1つ分長くなると主張している．また彼女は，モーラが大体同じ長さになるために，1つのモーラ内の子音と母音の長さが調整し合っている，とも述べている．例えば比較的長い子音 /p/ の後は /a/ が短くなる，または短い子音 /r/ の後は母音が長くなる，といったように，である．しかしBeckman (1982) は，これら2つの主張を検証する実験で，いずれも支持され

ない結果が出たため，Han（1962）の主張を否定している．

Port *et al.*（1980）は，長い，または短い舌尖音の子音と隣接する母音の長さの補償効果が見られるかどうかの実験を行い，アラビア語では支持されなかったが，日本語では支持される結果が出た．すなわち日本語のある子音の両側に隣接する母音の長さが子音長とは相反するように変化し，また子音長も母音の固有の長さと相反するように変化した．結果として，2モーラの単語の長さはほとんど変わらず，1つひとつのモーラの長さが違っても，同数のモーラからなる語の長さは同じ程度になると主張した．Homma（1981）では，破裂音である単子音，二重子音を含む2モーラ，3モーラの語の子音長と母音長の関係を調べた．1つひとつのモーラの長さが違っても，同拍数の単語の長さは同じであることが判明した．

次に英語による補償効果の先行研究を見ていくが，まずPeterson and Lehiste（1960）では，子音＋母音＋子音からなるCVC構造の単音節語を用いた実験で，英語の母音の長さは後続する子音の性質の影響を強く受け，母音の前の子音の影響はほとんどないと述べている．多数のCVC構造のミニマルペアで，音節主音は無声子音よりも有声子音が後続するときの方が長く，その割合はだいたい2:3だった．また母音長は破裂音の前で最も短く，鼻音は有声子音と似た影響があり，有声摩擦音の前で長くなると述べている．

Lehiste（1971）では，英語音声にも時間長の補償効果があるかどうかを検証すること，また先述の「補償効果が起こる範囲を特定する」ことが目的であり，単音節または2音節の英単語（steed, staid, stayed, stead, skid, skit, stay, steady, skiddy, skitty）の隣接する音素間だけでなく，すべての音素間で補償現象が存在すると述べている．

これらの先行研究は基本的に単語を扱ったものであり，本研究のように文における英語音声の補償効果を扱ったものは見つけられなかった．また本研究における補償効果は上記のいずれの先行研究のものとも性質の異なるものである．しかしこれらのうち英語の先行研究は明らかに音節がLehiste（1971）のいうところの「補償効果の起こる範囲」であることを示唆するものであり，もしそうであれば本研究においても，音節内の補償現象が起こる可能性はあると考えられる．

5. 追分析

英語母語話者の LD の音節長の PVI 値が母音長よりも低かったということに注目し,その原因を検証する分析を試みた.

5.1 方法・予測

英語母語話者における SV と LD の音節長の PVI 値が同じくらいであることから,それぞれの強勢音節と無強勢音節の長さの差は平均的に同じくらいであるといえる.しかし,母音長は LD の方の PVI 値が高いため,無強勢母音との長さの差は大きくなる.その分 LD の強勢音節の子音長が短く,SV の強勢音節の子音長は長くなるということである.これが無強勢音節で起こらず,強勢音節のみで起こる現象であれば,子音による補償効果が起きているといえるのではないだろうか.

そこで被験者の音声データの音節長に対する子音長の割合を計算し,それをまず SV と LD とで比較する.またそれを強勢音節と無強勢音節とで比較する.LD の強勢音節の子音の割合が SV の強勢音節の子音の割合より少なければ,補償現象が起きていると考えられる.

SV と LD の比較では,LD の方の子音長の割合が低いと予測する.また強勢音節と無強勢音節との比較では,LD の強勢音節の子音長の割合が SV の強勢音節の子音の割合より低く,無強勢音節では大きな差異はないと予測する.

5.2 結果・考察

英語母語話者の SV と LD の音節長における子音長の割合の比較を図3.5に,被験者別の比較を図3.6に示す.

図3.5,3.6が示すように,SV よりも LD の方が音節長における子音長の割合が低いが,さほど大きな差異ではない.

次に,英語母語話者の音節長における子音長の割合を強勢音節と無強勢音節で比較したものを図3.7に示す.またその被験者別の比較を図3.8に示す.

図3.7が示すように,強勢音節における SV の子音長の割合0.60に対し LD は0.44であった.t 検定を行った結果,$t=4.26$, $p<0.001$ で有意差があった.また無強勢音節における SV の子音長の割合0.56に対し LD は0.61であった.$t=1.12$, $p=0.27$ で有意差はなかった.

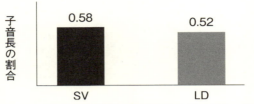

図3.5　SV と LD の音節長における子音長の割合の比較

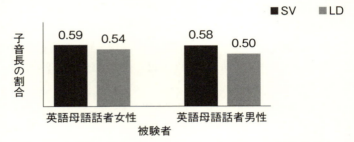

図3.6　SV と LD の音節長における子音長の割合の被験者別の比較

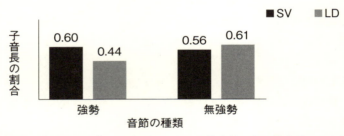

図3.7　英語母語話者の音節長における子音長の割合の強勢音節と無強勢音節での比較

　また図3.8が示すように，無強勢音節では2人ともLDの方の割合が高いが，さほど大きな差異ではなく，強勢音節のような子音の補償現象は起こらないと考えられる．すなわち，SVよりもLDの音節長に占める子音長の割合が低くなる現象は強勢音節のみで起きているということを示唆している．これによって英語母語話者のLDの音節長のPVI値が母音長ほど高くならず，すなわち強勢音節と無強勢音節との長さの差が大きくなりすぎないように，強勢音節内で子

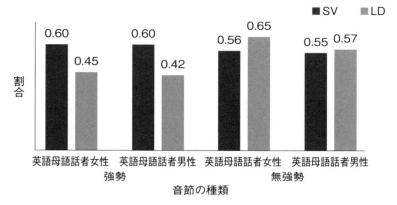

図3.8 音節長における子音長の割合の強勢音節と無強勢音節での被験者別の比較

音による補償効果が起きている可能性が考えられる．

6．結論

　本章では，PVIの音節長による日英語話者間での比較を行い，母音長との違いを比較検討した．その結果，英語母語話者は長母音，二重母音を含む音節と無強勢音節が交互に現れる文では母音長よりも音節長のPVI値が低かったということがわかった．このことから，「母音長が長くなる分，隣接する子音の，音節に対する割合が低くなり，音節長が長くなりすぎないようにする」という，子音の補償効果の仮説をもとに，検証を試みた．英語母語話者の音声データの音節長に対する子音長の割合を計算し，それをまずSVとLDとで比較した．またそれぞれを強勢音節と無強勢音節とで比較した．結果は，LDの強勢音節の子音の割合がSVの強勢音節の子音の割合より有意に低く，無強勢音節の子音の割合は，有意差がなかった．すなわち，LDの強勢音節内のみで音節長に占める子音長の割合が少なくなる現象が見られ，そこで子音の補償効果が起きている可能性が示唆された．

　本来英語母語話者と日本人英語学習の英語のリズムの差異を比較するためにPVIという数値を用い，英語母語話者の方の数値が高いということを前提に話を進めてきたが，本研究では英語母語話者による英語発話のPVI値がいくらでも高くなるものではないということを示唆している．すなわち，英語の強勢音

節が無強勢音節と比べてただ長くなればよいというわけではないという点で，日本人英語学習者にとって英語リズムを獲得するための1つの指針になると思われる．

参考文献

Beckman, Mary (1982) Segment Duration and the 'mora' in Japanese. *Phonetica* 39, 113-135.

Deterding, David (2001) The Measurement of Rhythm: A Comparison of Singapore and British English. *Journal of phonetics* 29, 217-230.

Han, Mieko Shimizu (1962) The Feature of Duration in Japanese. 音声の研究 10, 81-100.

Homma, Yayoi (1981) Durational Relationship between Japanese Stops and Vowels. *Journal of Phonetics* 9, 273-281.

Lehiste, Ilse (1971) Temporal Organization of Spoken Language. L.L.Hammerich, R. Jacobson and E. Zwirner(eds.) *Eorm & Substace*, 159-70. Denmark: Akademisk Forlag.

Lehiste, Ilse (1976) Suprasegmental Features of Speech. *Contemporary Issues in Experimental Phonetics,* New York San Francisco London: Academic Press.

Nakano, Shigeo (2013) The Comparison of English Rhythm between Japanese EFL Learners and English Native Speakers. *MA thesis*. Meijigakuin University.

Peterson, Gordon E. and Ilse Lehiste (1960) Duration of Syllable Nuclei in English. *The Journal of the Acoustical Society of America*. 32, 6, 693-703.

Port, Robert F., Al-Ani Salman and Maeda Shosaku (1980) Temporal Compensation and Universal Phonetics. *Phonetica* 37, 235-252.

第4章
弱形母音のフォルマントの比較

中野重雄

1. はじめに

　第2章では無強勢母音の長さの弱化の日英語母語話者間での比較研究をしたが，本章では，言語音声の音質的な弱化について取り扱う．まず，音質的な弱化について一般的な説明を述べ，その後に筆者が行った実験について述べる．これは英語の無強勢母音（本実験では機能語に含まれる，あいまい母音 /ə/ になる可能性のある潜在的弱化母音）が強勢母音（本実験では弱化しない母音を指し，以下強形母音と呼ぶ）と比べてどの程度あいまい母音 /ə/ に近づくかを，英語母語話者と日本人英語学習者とで比較したものである．

2. 音質的な弱化とは

2.1　あいまい母音と母音図

　英語の発話において文強勢を受けない機能語は弱形（weak form）で発話されることが多く，あいまい母音 /ə/（英語名：schwa）に変化し，ときには脱落してまったく発音されないことが多い．/ə/ は中央母音とも呼ばれ，口腔の中央付近で調音される．図4.1は IPA（国際音声記号）の母音図であり，図4.2はそれを口腔内に対応させた図である．

2.2　母音とフォルマント

　人の声は声帯の一定時間当たりの振動数が多いほど高くなる．1秒間当たりの振動数を基本周波数と呼び，その上にその整数倍の周波数からなる倍音が存在する．母音を発する際，声道（声帯より上の口腔・鼻腔の部分）の形状，舌の位置によりある倍音は強調され，それ以外の倍音は弱められる．その強調さ

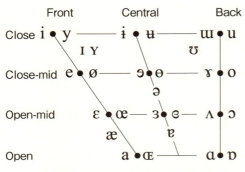

図4.1 IPA の母音図

図4.2 母音図と口腔内の対応図
佐藤・佐藤 (1997) より

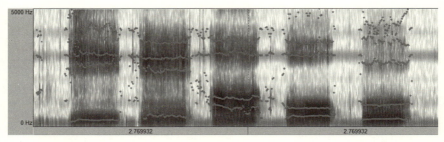

図4.3 筆者の母音　左から順に「い・え・あ・お・う」のスペクトログラム

れる周波数帯域をフォルマントと呼ぶ．母音の種類によって舌の位置や口腔内の形が異なるため，フォルマントは異なる．

図4.3に筆者の母音（左から順に）「い・え・あ・お・う」のスペクトログラムを，図4.4に男性による基本母音の F1/F2 の平均値を示す．図4.3の黒い帯状の部分がフォルマントであり，その中心にある線はフォルマントの軌跡を示したものである．各母音の下から順に第一フォルマント（以下 F1），第二フォルマント（以下 F2），第三，第四フォルマントを示している．F1は舌の高さに対応し，舌の位置が高いほど F1 は低い．すなわち舌の位置が高い /i/，/u/ は F1 が低く，舌の位置が低い /a/ は F1 が高い．F2は舌の高い部分が前方か後方かに対応し，舌の高い部分の位置が前方の母音は F2 が高い．すなわち図4.4で示すように舌の高い位置が前の /i/ は F2 が高く，後の /u/ は低くなる．この基

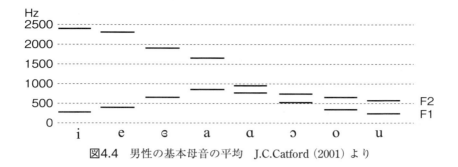

図4.4　男性の基本母音の平均　J.C.Catford（2001）より

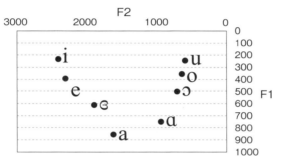

図4.5　基本母音のデータのプロット図　Based on Catford（2001）

本母音のデータをプロットすると図4.5のようになる．これは図4.1の母音図と対応するような形をしている．

3．実験

英語の強形母音と無強勢母音が交代する文を英語母語話者と日本人英語学習者各2名ずつ計4名に読み上げてもらい，強形母音と比較して無強勢母音が弱化母音（あいまい母音 /ə/）にどの程度近づくかを両者で比較した．

3.1　実験方法

被験者の音声データの全母音のフォルマントのうちF1／F2の平均値をもとに各被験者のCentroid（中心母音，詳細後述）の位置を出す．それと強形，無強勢母音（潜在的弱化母音）との距離の平均を日英語母語話者それぞれ算出する．

そして Centroid と無強勢母音との距離を両者で比較する．距離が近いほど，音質的な弱化の程度が高いということになる．

3.2　実験文

　実験文は，本来第 2 章で扱う母音の長さを比較する実験のために作成したものであり，その後で本研究のために用いたものである．

　強勢音節と無強勢音節が交互にくるという点で共通しているが，1 つは強勢音節が短母音を含む文（Short Vowel Set 以下 SV），もう 1 つは強勢音節が長母音または二重母音を含む文（Long Vowel / Diphthong Set 以下 LD）である．以下にその文を挙げる．

（1）Short Vowel Set
1．Ann should give her son a cup of milk（now）.
　　 æ　　ə　 ɪ　 ə　 ʌ　ə　 ʌ　ə　　 ɪ
2．He met his dad to tell him not to（drink）.
　　 i　 e　 ɪ　 æ　 ə　 e　 ɪ　 ɑ　 ə
3．This was not the man who hit them that（day）.
　　 ɪ　 ə　 ɑ　 ə　 æ　 ʊ　 ɪ　 ə　　 æ
4．We think that Tom can run as fast as（Nick）.
　　 i　 ɪ　　 ə　 ɑ　　 ə　 ʌ　 æ　 ə

（2）Long Vowel / Diphthong Set
1．I am nice to those who make me feel（fine）.
　　aɪ　ə　 aɪ　 ə　 oʊ　 ʊ　 eɪ　　i　 iː
2．The boy must start to do the work at（once）.
　　 ə　 ɔɪ　ə　 ɑː　ə　 uː　ə　 əː　 ə
3．They have thought of Jane for more than two（years）.
　　 eɪ　 ə　　 ɔː　ə　 eɪ　 ə　 ɔː　　ə　 uː
4．We came from home just now to do the（work）.
　　 i　 eɪ　 ə　 oʊ　 ə　 aʊ　 ə　 uː　ə

　文末の語が括弧書きになっているのは発話の最後の部分が長くなる傾向があ

り，分析から外したためである．

3.3 被験者

英語母語話者は実験当時日本の大学の留学生である．1人はアメリカ，コロラド州出身の女性（22歳）で，日本滞在歴2か月である．もう1人はカナダ，バンクーバー出身の男性（22歳）で，日本滞在歴7か月である．いずれも日本語学習歴がある．本来日本語学習歴はない方が望ましいが，本実験ではそのような被験者を見つけられず，やむを得ず日本語学習歴のある英語母語話者を採用した．日本人の被験者は，1人が日本の大学の法学部出身の男性（25歳）である．もう1人は日本の大学の社会学部に在学中の女性（20歳）である．いずれも英語圏滞在歴はない．

3.4 Centroid

Koopmans van Beinum（1980）が提唱したものである．一般的にあいまい母音 /ə/ は母音図の中央にくるといわれる．しかし人それぞれ声道の長さの違いによりすべての母音の位置も，その中央の位置も異なると考え，各個人の母音の中心地点として考案されたものである．その人の全母音のF1の平均値をCentroid のF1の値，F2の平均値を Centroid のF2の値とする．図4.6は Centroid と一般的な成人男性の /ə/ の位置 F1 = 500 Hz, F2 = 1500 Hz（Fry 2004）を比較したものである．/ə/ と比較するとこのデータの Centroid の方が F2 の値が低いことがわかる．

Centroid と他の母音との距離の出し方は三平方の定理を使用する．例えば図4.7の Centroid と母音 /ɑ/ との距離は次のように計算される．まず /ɑ/ のF1 = 750, Centroid の F1 = 500 より $|500 - 750| = 250$（縦棒は絶対値の記号）また /ɑ/ の F2 = 950, Centroid の F2 = 1400 より

$|1400 - 950| = 450$　したがって　$\sqrt{250^2 + 450^2} =$ 約515　となる．すなわちこのデータの Centroid と母音 /ɑ/ との距離は515である．Hz を単位とする数値をもとに計算するが，答えには単位はない．

3.5 先行研究

まず Low *et al.*（2000）では，シンガポール人と英国人の英語の母音長のPVI

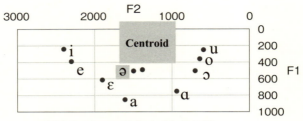

図4.6 Centroid と /ə/ との比較

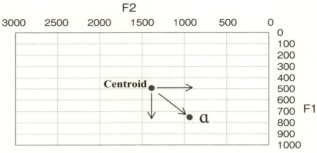

図4.7 Centroid と /ɑ/ との距離

(第2章参照)を比較した後,音質的弱化の程度を検証するため,Centroid から強形・無強勢母音までの距離を比較した．Centroid から無強勢母音までの距離が短いほど，弱化の度合いが高い．結果はシンガポール人の強形母音128（Centroid までの距離，以下同様），無強勢母音61，英国人の強形母音102，無強勢母音28（具体的な数値が記述されていなかったため，図から類推した近似値である）．シンガポール人の無強勢母音は英国人よりも Centroid から離れていた．弱化の度合いは英国人よりも低いが，シンガポール人の無強勢母音も音質的弱化が起きていると結論づけた．

また Satoi *et al.*（2006）では日本人英語学習者と英語母語話者の英語の母音長の PVI を比較した後，音質的弱化の程度を検証するため Centroid から強形母音と無強勢母音までの距離を比較した．結果は日本人の強形母音400.9（Centroid までの距離，以下同様），無強勢母音276.6，英国人の強形母音393.0，無強勢母音225.3であった．日本人の無強勢母音は英語母語話者より Centroid から離れていて音質的な弱化の度合いが低いが，日本人の無強勢母音も弱化をしていると結論づけた．

3.6 潜在的弱化母音と強形母音の選別

潜在的弱化母音に関しては，実験文の中の /ə/ を含む機能語は19ある（a, am, as, at, can, for, from, have, her, just（副詞だが，実験当時機能語であると思い込み，この中に入れた），must, of, should, than, that, the, them, to, was）．先行研究で使用された機能語は Low *et al.*（2000）では at, her, of, to, the, was の6種類，Satoi *et al.*（2006）では and, at, of, was の4種類である． /ə/ 以外の母音 /i/（he, me, we），/ɪ/（him, his），/ʊ/（who）は強形母音と同様に扱った．

強形母音については，実験文の内容語に含まれる次の母音を用いた．/i/（feel），/ɪ/（give, hit, this, milk），/e/（they, make, Jane, came の二重母音の第一要素），/ɛ/（met, tell），/æ/（Ann, dad, fast, man, that），/a/（I, nice, now の二重母音の第一要素），/ʌ/（cup, son, run），/ɑ/（not, start, Tom），/ɔ/（boy, more, thought の二重母音の第一要素），/o/（home, those），/u/（do, two）および機能語の一部に含まれる /i/（he, me, we），/ɪ/（him, his），/ʊ/（who）を用いた．

3.7 本実験でのフォルマントの測定法と Centroid の出し方

フォルマントの測定は，広帯域スペクトログラムの母音区間の，隣接する子音の影響を受けない中央の値を測定した．また二重母音は，母音区間の前半部分（/aɪ/ の /a/）の中央の値を測定し，後半部分（/aɪ/ の /ɪ/）は音があいまいになるため測定しなかった．Centroid は強形母音，潜在的弱化母音すべての F1/F2 をもとに算出した．

3.8 予測

日本人英語学習者の方が英語母語話者よりも無強勢母音の Centroid からの距離が長いことは，2つの先行研究で同様の結果が出ているため容易に予測できる．また強形母音よりも無強勢母音からの距離が短くなることも同様である．それぞれの文献で，その結果をもってシンガポール人，日本人の無強勢母音も弱化をしているといっているが，本当にそうだろうか．そのような結果が出ればその原因を検証したい．

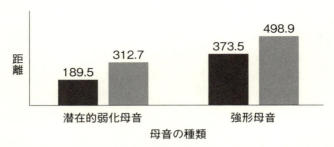

図4.8 潜在的弱化・強形母音の Centroid から日英語母語話者間の距離
■英語母語話者 ■日本人英語学習者

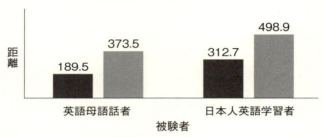

図4.9 潜在的弱化・強形母音の Centroid からの距離の比較
■潜在的弱化母音 ■強形母音

3.9 結果

日本人英語学習者と英語母語話者の比較を図4.8に示す（図4.10〜14も参照）。潜在的弱化母音は $t=3.40$, $p<0.01$で有意差があった。強形母音の方は $t=1.91$, $p=0.06$で有意差がなかった。潜在的弱化母音と強形母音の比較を図4.9に示すが、英語母語話者の方は $t=4.19$, $p<0.001$, 日本人の方は $t=3.21$, $p<0.01$で共に有意差があった。共に予測を支持している。

3.10 考察

先述の2つの先行研究において、英語母語話者でない方も潜在的弱化母音の方が強形母音よりも Centroid からの距離が近いため、弱化を起こしていると考察している。しかしなぜそうなるのかという議論はしていない。本実験でも、もとになる母音の種類や数は異なるが同様の結果が出たので、その原因を探ってみたいと思う。

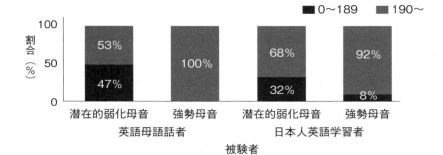

図4.10 英語母語話者と日本人英語学習者の潜在的弱化母音と強形母音(図では強勢母音)のCentroidからの距離が189以下のものと,190以上のものの割合

英語母語話者のCentroidから潜在的弱化母音までの距離の平均が189.5であることから,図4.10に潜在的弱化母音と強形母音のCentroidからの距離が189以下のものと,190以上のものの割合を示す.

日本人の潜在的弱化母音で距離が189以下のものが,強形母音よりも4倍も多い.すなわちCentroidからの距離が近い母音の割合が強形母音よりも高いために,潜在的弱化母音までの距離の平均値がより低くなっていると考えられる.

図4.11～14に被験者4人の母音の第一,第二フォルマントをプロットした図を示す.

図4.11～14を見ると,日本人の2人の潜在的弱化母音は英語母語話者と比べて強形母音 /æ/ /ɑ/ /ʌ/ の周りに偏り,他の強形母音よりもCentroidに近いものが女性で4個,男性で11個見られる.

図4.15に,日本人の /æ/ /ɑ/ /ʌ/ の周辺に集まっているa, am, as, at, can, have, her, just, must, than, that, theの潜在的弱化母音(wasは女性の /æ/ /ɑ/ /ʌ/ から離れているため外した)とそれ以外のfor, from, of, should, them, toの潜在的弱化母音のCentroidからの距離の平均値を示す.また図4.16に日本人の強形母音 /æ/ /ɑ/ /ʌ/ とそれ以外の強形母音 /i/ /ɪ/ /e/ /ɛ/ /ɑ/ /ɔ/ /o/ /ʊ/ /u/ のCentroidからの距離の平均値を示す.

図4.15,16が示すように,/æ/ /ɑ/ /ʌ/ とその周辺に集まっている母音の方がそれ以外の母音より明らかにCentroidからの距離が近い.日本人のCentroidからの潜在的弱化母音の距離の平均が強形母音よりも近くなるのは,これらの

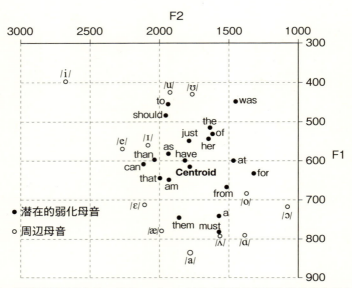

図4.11　英語母語話者女性の母音のプロット図（周辺母音は強形母音を表す）

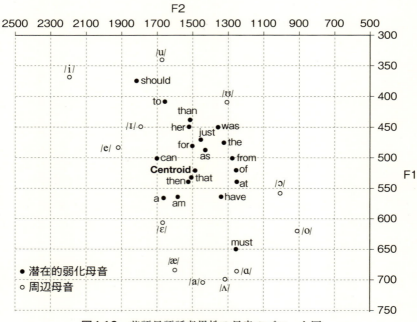

図4.12　英語母語話者男性の母音のプロット図

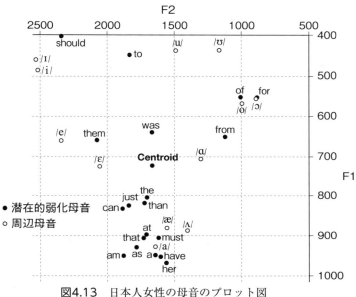

図4.13 日本人女性の母音のプロット図

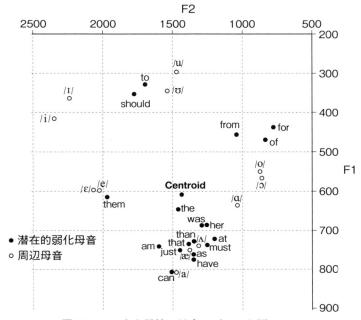

図4.14 日本人男性の母音のプロット図

第4章 弱形母音のフォルマントの比較

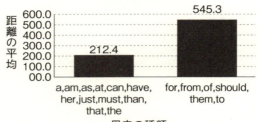

図4.15 日本人の潜在的弱化母音 /æ//a//ʌ/ の周辺の母音とそれ以外の母音の Centroid からの距離の平均

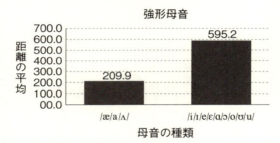

図4.16 日本人の強形母音 /æ//a//ʌ/ の母音とそれ以外の母音の Centroid からの距離の平均

Centroid に近い /æ//a//ʌ/ の周辺に集まっている潜在的弱化母音の全母音に対する割合が高いためと考えられる．

3.11 結論

　最初の予測は「日本人英語学習者の方が英語母語話者よりも無強勢母音の Centroid からの距離が長い」というものであったが，結果は潜在的弱化母音の Centroid からの距離が，日本人英語学習者の方が英語母語話者より長く，予測が支持された．次の予測である「強形母音よりも無強勢母音からの Centroid からの距離が短くなる」も，日本人英語学習者，英語母語話者ともに支持される結果となった．また非英語母語話者であっても潜在的弱化母音が弱化するという先行研究の結論について筆者はその根拠に疑問を感じ，それを反証する考察を行ったが，本実験での日本人英語学習者である被験者に関していえば，弱化はしていないと考えられる．

参考文献

Catford, J. C. (2001) *A Practical Introduction of Phonetics*. 2nd edition. Oxford linguistics.
Fry, D. B. (2004) *The Physics of Speech*. Cambridge University Press.
Koopmans Van Beinum, F. J. (1980) *Vowel Contrast Reduction: An Acoustic and Perceptual Study of Dutch Vowels in Various Speech Conditions*. Amusterdam: Academische Pers B. V.
Low, Ee Ling, Esther Grabe and Francis Nolan (2000) Quantitative Characterizations of Speech Rhythm: Syllable Timing in Singapore English. *Language and Speech* 43, 377-401, 36.
Nakano, Shigeo (2013) The Comparison of English Rhythm between Japanese EFL Learners and English Native Speakers. *MA thesis*. Meijigakuin University.
中野重雄（2014）「日本人英語学習者と英語母語話者による英語リズムの比較」『シルフェ』54号，153-163．シルフェ英語英米文学界，東京：金星堂．
Satoi, Hisaki, Machiko Yoshimura and Satoshi Yabuuchi (2006) The Relationship between English Speech Rhythm and Vowel Reduction in Production: Comparison Between Japanese EFL and Native English Speakers. *Language Education and Technology*. 42, 59-72.
佐藤　寧・佐藤　努（1997）『現代の英語音声学』東京：金星堂．

第5章
コーパスに現れた制限的副詞と強化的副詞の音調パターンについて

佐藤　努

1．はじめに

　本章では，英語のイントネーション，なかでも副詞の意味とその副詞に現れる音調パターンについて検討する．

　Allerton and Cruttenden (1974, 1976) によると，*possibly, probably, presumably* のような，確信の度合いが十分ではなくある種の疑いを含んだ 'dubitative' な文副詞は，次のように文頭，文中，文末において下降上昇調，ないしは上昇調をとるとされ，以下のように音調強勢記号で表されている．

(1) a.　Preˇsumably | he can win the match
　　b.　Richard preˇsumably | wants to be popular
　　c.　Richard played | preˊsumably
　　（ˇ 下降上昇調，ˊ 上昇調，| 音調句境界）

　これに対し，確信の度合いが高く疑いを含まない 'indubitative' な文副詞，例えば，*clearly, certainly, obviously* などには下降調がくるとされる．

(2) a.　ˋObviously | he can win the match
　　b.　Richard ˋobviously | wants to be popular
　　c.　Richard played | ˋobviously
　　（ˋ 下降調）

　以下，厳密に区別する場合を除いては，上昇調，下降上昇調を包括して上昇

調，下降調，上昇下降調の両方を単に下降調と呼ぶことにする．また，当該の音調句以外の音調句に現れる可能性のある音調パターンについては特に言及せずに論を進める．

　Allerton and Cruttenden (1976), Cruttenden (1984) は，このような上昇調と下降調の二項対立は，話者の意志を反映する 'subject-volitional' な文副詞にも見られ，例えば，*willingly* や *deliberately* のような ［+Volitive］ の文副詞には下降調が，*unwillingly* や *accidentally* などの ［-Volitive］ の文副詞には上昇調がくると指摘している．

(3) a. De`liberately | he smashed my favorite vase
　　b. Richard | de`liberately | erased the recording
　　c. Richard broke the tape recorder | de`liberately
(4) a. Acci˘dentally | he smashed my favorite vase
　　b. Richard | acci˘dentally | erased the recording
　　c. Richard broke the tape recorder | acci˘dentally

　さらに，このような上昇調と下降調の対立は *usually* vs. *always* のような頻度を表す副詞や，*partially* vs. *completely* のような度合いを表す副詞にも見られ，Cruttenden (1984) には以下のような例が挙げられている．

(5) a. He goes by train | ˘usually
　　b. He goes by train | `always
(6) a. He's ˘partially wrong
　　b. He's com`pletely wrong

　上記のうち，上昇調，ないしは下降上昇調と結びつけられた副詞は意味論の観点から 'limiting'，すなわち「制限的」な性質を持つ一方，下降調をとる副詞は 'reinforcing'「強化的」な性質を持つと Cruttenden (1984, 1997) は述べている．
　本章では，このような副詞と音調間に見られる二項対立が実際に話された談話ではどの程度保たれるのかを the Survey of English Usage (SEU) と呼ばれるコーパスを用いて検証する．想定される音調パターンと異なる場合，すなわち，制限的な副詞に下降調が，強化的な副詞に上昇調がくるのには因果的な要

因があるのかについても考察を加えていくことにする．

2．方法

調査の対象とした副詞は以下のとおりである．

制限的
Dubitative: possibly, probably, presumably, apparently
[-Volitive]: accidentally
Frequency: usually
Degree: partially, partly
強化的
Indubitative: obviously, clearly, certainly, definitely, inevitably, undoubtedly, evidently, naturally
[+Volitive]: deliberately
Frequency: always
Degree: completely

　なお，apparently, naturally, deliberately はそれぞれ 2 通りの意味を持つもので，それらの意味と音調との関係については後述する．
　資料として利用した SEU Corpus の spoken part は5000語からなるイギリス英語での100のテキストより構成されており，会話，電話での会話，インタビューなどを含んでいる（Greenbaum 1985）．

3．結果

　コーパス中に現れた制限的副詞の数を音調パターン別に示す．
　合計欄の括弧内は該当する副詞の総数を表し，左側の数はそのうちでいくつが accented，すなわち独自の音調を伴って現れたかを示している．例えば，*possibly* は 7 つが上昇調，他の 7 つが下降上昇調，28が下降調を伴って現れ，その合計が42となっており，平坦調の例は見られなかった．下降調よりも想定された上昇調が多く現れた副詞もあるが，合計では下降調の方が110となり上

表5.1　制限的副詞に現れた音調パターン

Tone Adverbial	Rise		Fall		Level	Total
	rise	fall-rise	fall	rise-fall		
possibly	7	7	28	0	0	42　(98)
probably	5	36	46	2	2	91　(380)
presumably	7	10	10	1	0	28　(76)
apparently	8	7	9	0	0	24　(61)
accidentally	1	1	1	0	0	3　(3)
usually	3	7	8	0	0	18　(61)
partially	1	1	1	0	0	3　(3)
partly	1	2	4	0	0	7　(24)
Total		105		110	2	217　(708)

表5.2　強化的副詞に現れた音調パターン

Tone Adverbial	Rise		Fall		Level	Total
	rise	fall-rise	fall	rise-fall		
obviously	8	6	48	1	0	63　(188)
clearly	4	2	17	1	2	26　(47)
certainly	3	10	83	10	2	108　(268)
definitely	0	2	14	0	0	16　(44)
naturally	3	5	9	0	0	17　(27)
inevitably	2	2	4	0	0	8　(15)
undoubtedly	1	1	2	0	0	4　(10)
evidently	0	1	1	0	0	2　(10)
deliberately	1	3	1	0	0	5　(11)
always	1	10	67	5	1	84　(401)
completely	1	6	19	2	1	29　(82)
Total		72		284	6	362　(1103)

昇調の104を上回り，総合計の216の半数をも超える結果となった．

次に強化的副詞の結果を表5.2に示す．

［-Volitive］の副詞である *deliberately* を除き，想定された下降調の数は各々対応する上昇調の数と同数か，それらを上回る結果となり，合計でも284で上昇調の数は72にとどまった．

4．考察

以下，制限的副詞に現れた下降調と強化的副詞に伴った上昇調の例を中心にそれらを引き起こした原因について考察する．

4.1 制限的副詞
4.1.1 Possibly, Probably

possibly や probably は文頭において修飾語である quite によって強められる場合に下降調をとると，Allerton and Cruttenden（1974, p.17）は指摘している．

(7)（Quite)｀possibly he can type

Probably が very に修飾され下降調を伴っている例があった．

(8) | very ｀probably | you'll find the same | ...　　　　　(S-01-06:232)

もう一例は文頭ではあるが，独立した音調句として現れていた．

(9) | very ｀probably | yeah | ...　　　　　　　　　　　　(S-09-01:451)

文頭で必ずしも修飾語を伴わずに下降調をとっている例も見受けられた．

(10) a. ... | I mean ｀possibly | whether I would be good at it or not | it's not something I'm particular anxious to do | ...　(S-04-06:188)
　　 b. ... | ｀possibly | your Lordship may think | ...　　(S-12-03:62)
(11) a. ... | ｀probably | until that point | there were teachers around | ...　　　　　　　　　　　　　　　　　　　　　(S-05-11:215)
　　 b. ... | I think ｀probably | the ceiling figure will be | twenty-six or twenty-seven | ...　　　　　　　　　　　　　　　(S-06-01:22)
　　 c. ... | ｀probably | schools | are even more different to the schools of my youth | ...　　　　　　　　　　　　　　　(S-06-04:85)
　　 d. ... | ｀probably | Tenterden will be back tomorrow | ...　(S-07-02:623)

文中でも下降調の例が数多く見られた.

(12) a. ... | I think you must be a dental assistant | couldn't `possibly have a woman really | being a dentist | ... (S-01-13:12)
   b. ... | she says well your bills couldn't be `possibly | when you beas bad as ours | ... (S-01-13:137)
   c. ... | which say is quite likely going to happen | over the North Sea | or `possibly going to happen over the North sea | ... (S-02-08:18)
   d. ... | and how | the socialists | can think | `possibly | that they are gone | ... (S-05-04:70)
   e. ... | could I | `possibly | afford two humbugs | (S-06-04:156)
   f. ... | I cannot `possibly | stay | in a hospital in Moscow | ... (S-06-06: 17)
   g. ... | oh that couldn't `possibly be | ... (S-06-06:27)
   h. ... | but there were too many | we couldn't `possibly do it | ... (S-06-06:27)
   i. ... | but that's `possibly why | he wanted me to take over this economic side | ... (S-06-07:80)
   j. ... | that was | `possibly | the whole thing | you know | (S-07-01:555)
   k. | all it can `possibly do | is go up | ... (S-08-02:71)
   l. | no it couldn't `possibly happen twice | ... (S-09-01:480)
   m. ... | I think it was through her inspiration | that `possibly | the women's institute | ... (S-12-06:31)

(13) a. ... | oh it'll `probably be all right | (S-01-10:279)
   b. ... | which I can `probably commute from Esher | ... (S-01-10:480)
   c. ... | but in actual fact of course their central heating oil | is `probably | roughly | about the same price as ours | ... (S-01-13:122)
   d. ... | they `probably put the citizenship | as a sort of you know | prerequisite | ... (S-02-01:437)
   e. ... | and you'll `probably | find | that there are people | ... (S-02-03:205)
   f. ... | I think `probably actually | made for telly | ... (S-02-07:53)
   g. ... | but he says it's | `probably | not just him | ... (S-02-07:135)

h. | except we a kingfisher is | `probably | not going to taste very good | (S-02-10:771)

i. ... | that he was `probably | disappearing off to see old Granny | ... (S-02-12:173)

j. ... | so I'll `probably be able to provide my own | ... (S-02-12:212)

k. ... | what they will | `probably come | up with | is the proposal | ... (S-03-02:259)

l. ... | but they'd `probably be I suppose | about thirty | ... (S-04-03:550)

m. ... | I think most of the woman in this audience | would `probably agree | with me | ... (S-05-04:84)

n. | yes and it seems to me it is `probably worth | looking round in the local area of Highbury | ... (S-05-08:217)

o. | so Sue | `probably | will be coming | ... (S-07-01:435)

p. ... | that you | `probably | would have these | ... (S-07-02:513)

q. ... | I think Michael can | `probably | still walk it up | ... (S-07-02:517)

r. | I think he can `probably do it | (S-07-02:518)

s. ... | and I'll `probably | take the typewriter away then | (S-07-03:78)

t. ... | so you would recommend `probably would you | flats | ... (S-08-02:64)

u. ... | but I think it's `probably | the way of the future in fact | ... (S-08-02:144)

v. ... | well I could `probably get it done | ... (S-08-03:383)

w. ... | but I think the tutorial hour | will | `probably | I hope | a little more relaxed | ... (S-09-03:3)

x. ... | that the Queen | will | `probably | leave Buckingham Palace | ... (S-10-07:62)

y. ... | so I thought the best thing to do | `probably in Bond Street | was to faint | (S-11-03:78)

z. ... | and I could `probably | get the attendant | ... (S-11-03:280)

(a) ... | and that population pressures | are `probably | the most important | of | all the | influencing forces | ... (S-12-02:Heading) dubitative な副詞は文末で上昇調をとると Allerton and Cruttenden (1976, p.48) では主張されているが，以下のような下降調を伴った例も見られた．

(14) a. ... | which is a terrible time | I think | `possibly | ...　　(S-03-06:23)
　　 b. | ah | well | in people's in people's minds | `possibly | ... (S-04-06:66)
　　 c. ... | you need to do that to begin with more and then nearer the concert | `possibly |　　　　　　　　　　　　　　　(S-05-12:428)
　　 d. ... | to drop the price | to ten thousand two hundred | or even to ten thousand | `possibly | ...　　　　　　　　(S-08-01:128)
(15) a. ... | there isn't enough garden | `probably |　　(S-04-02:235)
　　 b. ... | I mean two or three in the morning | `probably | ... (S-05-11:215)

(10)〜(15)に現れた下降調が果たしている役割の1つとして，very や quite のような語を伴っていない副詞の表す確信性や可能性の度合いを強めている，いわば強化的な働きが考えられるのではないか．

独立した音調句として現れる場合は，質問に続くときは下降調にはならないが，陳述の後では上昇調でも下降調でも起こりうると，Allerton and Cruttenden (1974, p.25) は述べている．本データでは，陳述に続く場合はいずれも下降調をとっていた．(16f) は強意の very を伴っている．

(16) a. | I got the impression | that he didn't recognize it |
　　　　| no | `probably |　　　　　　　　　　　　　(S-01-06:139)
　　 b. | that was Abdullah |
　　　　| well | `probably |　　　　　　　　　　　　(S-02-11:756)
　　 c. | well I think you'll find it creeps up |
　　　　| `probably |　　　　　　　　　　　　　　　(S-04-02:349)
　　 d. | I think she's got another year or two more to be retiring |
　　　　| yes | `probably |　　　　　　　　　　　　(S-06-02:380)
　　 e. | ooh naughty |
　　　　| `probably |　　　　　　　　　　　　　　　(S-07-03:37)
　　 f. | he kept trying to talk about somebody else's work |
　　　　| Very `probably |　　　　　　　　　　　　(S-09-01:451)

4.1.2 Presumably

文頭で強意語を伴わずに現れたものが 4 例あり, (17) のように下降調が 3 例, 上昇下降調が 1 例見られ, (18) の場合は可能性を強めていると思われる.

(17) a. ... | and pre`sumably | port is | is more or less the same | ...
  (S-02-13:211)
  b. ... | so pre`sumably | the same guy is involved | ... (S-05-11:266)
  c. ... | and pre`sumably | it will be Mckenzie again | ... (S-10-01:48)
(18) ... | pre^sumably | you would you would have the who would have language difficulties and so on | (S-04-06:143)

(19) の 2 例は文中に, (20) の 4 例は文末に下降調を伴って現われている.

(19) a. ... | to help reduce pre`sumably the effects of heat | ... (S-03-07:319)
  b. ... | prayers | pre`sumably | were fairy non-denominational | ...
  (S-06-04:121)
(20) a. ... | I mean | at the end of next year | pre`sumably | ... (S-02-06:149)
  b. ... | I mean it was pretty clear | what he'd said the first time | pre`sumably | (S-02-08:297)
  c. ... | but it's also talking to strangers | pre`sumably | ... (S-05-07:21)
  d. | somebody took the tray out | pre`sumably | (S-11-01:21)

(19), (20) に現れた下降調は副詞の度合いを強めている働きをしていると考えられる.

4.1.3 Accidentally

話者の意志を反映しない [-Volitive] の accidentally が, 文中で下降調を伴って現れた例があり, 修飾語の quite によって強められていると考えられる.

(21) ... | I happened to quite acci`dentally to get something | (S-02-05:404)

4.1.4　Usually

頻度を表す副詞 usually は文頭で 1 例，文中で 6 例，文末で 1 例の合計 8 例が下降調で現れていた．

(22)　... | `usually | in graduate teaching anyway | it hasn't got any | pressure | of time | ...　　　(S-05-07:45)

(23)　a.　... | I mean conversation's conversation's not `usually something I find difficult | ...　　　(S-01-03:178)

　　　b.　... | how does thought | `usually | manifest itself | in a poem | ...
　　　　　　　　　　　　　　　　　　　　　　　　　　　　(S-03-01:114)

　　　c.　... | the conversation is `usually | all right | ...　　(S-04-03:358)

　　　d.　... | I don't `usually like to talk about these things in public | ...
　　　　　　　　　　　　　　　　　　　　　　　　　　　　(S-06-03:55)

　　　e.　... | which is not quite as good as I `usually get | ...　(S-07-01:971)

　　　f.　... | what time do you `usually go and have | lunch | ...　(S-07-03:774)

(24)　... | because we're we're quite content `usually | ...　　(S-10-11:6)

4.1.5　Partially, Partly

度合いを表す副詞の partially は文中で下降調をとっている例が 1 つあり，partly は文頭で 1 例，文中で 3 例あった．

(25)　... | who were dependent | on wages | or `partially dependent | ...
　　　　　　　　　　　　　　　　　　　　　　　　　　　　(S-12-02:Heading)

(26)　... | it seems to me that `partly | it's very different from Stuart's example | ...
　　　　　　　　　　　　　　　　　　　　　　　　　　　　(S-05-07:21)

(27)　a.　... | now this seems to me to be `partly perhaps a question of | talking to strangers | ...　　　(S-05-07:21)

　　　b.　... | that that was `partly because | that one or | two | of the heads of colleges there | ...　　　(S-05-13:42)

　　　c.　... | I think this unease | is | is `partly the result of the way | ...
　　　　　　　　　　　　　　　　　　　　　　　　　　　　(S-05-13:60)

4.2 強化的副詞

次に強化的副詞に現れた上昇調の例を中心に見ていくことにする.

4.2.1 Obviously, Clearly

前のセクションでvery や quite などの修飾語が可能性の度合いを強め, 制限的副詞が下降調で現れている例を見たが, 強化的な副詞である obviously がこれらの強意語を伴い文頭において上昇調をとっている例が3例出てきた.

(28) a. ... | but quite ´obviously | I want to repeat this | ...　　(S-05-04:18)
　　b. ... | because quite ˇobviously | the holiday camp has got to buy its | quite a bit of its | food | ...　　(S-05-04:172)
　　c. ... | and quite ´obviously what you've got to do in each case | is to look at the case in front of you | ...　　(S-05-04:199)

強意語を伴わずに下降上昇調をとっている例があった.

(29) ... | and ˇobviously | in the way the little chintz the little little little you know transparent curtains were fluffing | ...　　(S-01-14:105)

さらに, 文中において obviously が下降上昇調で現れているものが3例, clearly が同じく下降上昇調を伴っているものが1例あった.

(30) a. | and then he ˇobviously he wants to minimize the time | ...
　　　　　　　　　　　　　　　　　　　　　　(S-08-03:239)
　　b. ... | but Cooper | is ˇobviously | pursuing the right tactics | ...
　　　　　　　　　　　　　　　　　　　　　　(S-10-03:65)
　　c. | first one is | a very detailed | doubtless very accurate | description | of the life | of a bank clerk | in Trieste | based ˇobviously | on Svevo's own life | ...　　(S-12-02:4)
(31) ... | which is ˇclearly | something that you'd hoped to have better news about | ...　　(S-06-03:11)

Allerton and Cruttenden（1974, p.17, 1976, p.35）によると，文頭や文中において，下降調の代わりに下降上昇調が用いられると独断的（dogmatic）な心的態度が弱められて，より好意的（conciliatory）に響く，と指摘している．例えば，以下の例において，下降調はより挑戦的で独断的なのに対し，下降上昇調はより感じがよく愛想よい心的態度を伝えるとされている．

(32) a. `Clearly | he can win the match.
　　 b. ˇClearly | he can win the match.
(33) a. Richard `obviously | wants to be popular.
　　 b. Richard ˇobviously | wants to be popular.

コーパス中の限られたコンテクストから判断するのは容易ではないが，(28c)をはじめ，この上昇調による心的態度機能（attitudinal function）が働いていると考えることができそうなものもありそうである．
　文末では，上昇調が4例すべてに用いられていた．

(34) a. ... | which would be very very expensive ´obviously | ...　　(S-03-02:43)
　　 b. | I don't mean within the time ´obviously but |　　(S-03-02:146)
　　 c. ... | we would be | open ´obviously | ...　　(S-03-02:305)
　　 d. ... | it's painted throughout ´obviously | ...　　(S-08-03:29)

(34b) 以外は次に別の音調句が続いており，これらの上昇調は継続性（continuity）としての役割，すなわち，談話的機構を果たしているといえよう．
　独立した音調句では，下降調ではなく上昇調が使われていた．

(35)　| are you sure about that |
　　　| yes | ´obviously | because |　　(S-11-01:299)

音調句が完結しているが，接続詞 because が副詞に後続しているので，この上昇調も継続を表すものと考えられる．

4.2.2 Certainly, Definitely

Allerton and Cruttenden (1974, p.15) は，certainly や definitely は受け答えとしてのみ用いられて (36) のように下降調を伴い，新情報として現れて下降上昇調を伴うことはない，と主張している．

(36) `Definitely he can.
(37) *ˇDefinitely | he can win the match.

しかしながら，以下の certainly の例は下降上昇調，ないしは上昇調を伴って現れている．

(38) a. ... | and ˇcertainly | it does give a very very good indication | to foreigners over here | ...　　　　　　　　　(S-05-04:128)
　　 b. ... | but ˇcertainly | I've lost about a stone | over the last three or four months |　　　　　　　　　　　　　　(S-06-03:2)
　　 c. ... | ˇcertainly | if my own sister died | I would be quite shattered by it | ...　　　　　　　　　　　　　　　(S-06-05:183)
　　 d. ... | but ˇcertainly | he hadn't collected it | ...　　(S-09-03:8)
　　 e. | ˇcertainly | this is the first letter we have had | ...　(S-09-05:131)
　　 f. ... | ´certainly | the activities represented in pornography are unduly monotonous | ...　　　　　　　　　　　　(S-12-07:31)
(39) a. ... | and she's ˇcertainly playing | almost as well | as she has | in her Career | ...　　　　　　　　　　　　　(S-10-10:57)
　　 b. ... | this is a matter which | has ˇcertainly given us | a great deal of concern | ...　　　　　　　　　　　　(S-11-04:46)
　　 c. ... | in which homosexuality | would ˇcertainly be disruptive |　　　　　　　　　　　　　　　　　　　　　(S-11-06:47)
(40) ... | so I think it will go on being available | ˇcertainly | ...　(S-09-05:17)

文末において definitely が下降上昇調をとっている例があった．

(41) ... | that you hold it very ˇdefinitely there | ...　(S-01-01:116)

独断的な心的態度を弱める働き，ないしは，継続を表す談話的機能が上昇調によって果たされている可能性がある．

疑問文に後続する独立した音調句として上昇調をとっている例もあった．

(42) ｜ could I say could the honorable member member ｜
　　　｜ ´certainly ｜

4.2.3　Inevitably, Undoubtedly, Evidently

Inevitably が強意語 quite の後ろでさえも文中で上昇調をとっている例があった．

(43) ... ｜ and all these things ｜ whether you like them or not ｜ flow quite in´evitably ｜ from that ｜ ...　　　　　　　　　　　　　　　(S-05-01:131)

もう1例には下降上昇調がきていた．

(44) ... ｜ that that's going to inˇevitably mean ｜ that in some way ｜ they must ｜ talk ｜ to the nurses ｜ ...　　　　　　　　　　　(S-06-08:316)

下降上昇調が文中において evidently に使われていた．

(45) ... ｜ the official UK number ｜ ˇevidently ｜ is TH TC two ｜ ...　(S-06-09:217)

文末では，inevitably が2例，undoubtedly が1例，いずれも上昇調を伴っていた．

(46) a.　... ｜ I think that staffing situation is such ｜ that in´evitably ｜ ...
　　　　　　　　　　　　　　　　　　　　　　　　　(S-06-08:329)
　　　b.　... ｜ and that this development was going to take place ｜ largely ｜ in´evitably ｜ ...　　　　　　　　　　　　　　　　(S-11-02:3)
(47) ... ｜ she stabbed us ｜ un´doubtedly ｜ ...　　　　(S-11-02:3)

ここでも上昇調によって心的態度機能,ないしは談話的機能が果たされている可能性がある.

4.2.4　Always
頻度を表す強化的な副詞である always は文中で上昇調をとっていた例が 9 つあった.

(48) a. ... | and I suspected | ˇalways | that Delaney would be late |
　　　　　　　　　　　　　　　　　　　　　　　　　　　　(S-01-01:36)
　　b. ... | he's ´always | driving here | and driving there | ...　(S-01-06:207)
　　c. ... | within which people do not ˇalways agree | ...　(S-05-13:69)
　　d. ... | so that I didn't ˇalways have to be | at their backs | ... (S-06-04:51)
　　e. ... | getting in touch with your real feelings | has ˇalways been | an extremely | frightening thing | ...　(S-06-05:80)
　　f. ... | your savings from your building society | will ˇalways regarded as your husband's income |　(S-09-04:230)
　　g. ... | which is ˇalways used on these occasions with | ...　(S-10-07:74)
　　h. ... | things are not | certainly not ˇalways | as they ought to be | ...
　　　　　　　　　　　　　　　　　　　　　　　　　　　(S-12-01:Heading)
　　i. ... | there was ˇalways | a soldier | in the family | ...　(S-12-06:29)

4.2.5　Completely
下降上昇調を伴い,文頭と文中でそれぞれ 1 例ずつ見受けられた.

(49) ... | comˇpletely | he didn't have a patch of colour anywhere | ...
　　　　　　　　　　　　　　　　　　　　　　　　　　　　(S-02-12:70)
(50) ... | but they weren't comˇpletely used up |　(S-02-08:356)

文末では,接続詞の or と but の前で下降上昇調として現れており,談話的機能の例と考えられる.

(51) a. ... | I think actually that the lady who's asked this question | perhaps

hasn't read Mr Shinwell's speech com˘pletely | or... (S-05-04:64)

 b. ... | I'm not sure we'll we'll we'll meet it com˘pletely | but...

(S-10-08:6)

4.3　副詞の意味と音調の二項対立

　「〜のようだ」という意味を持つ apparently は制限的副詞の Dubitative に当たり，上昇調をとるとされる．強化的副詞の [+Volitive] である deliberately は「わざと」という意味を持ち，下降調をとる．また，同じく強化的副詞，Indubitative の naturally は「当然」と訳され，下降調がくる．このような想定のもとにこれらの副詞を 2. 方法の最初にあるように分類していた．しかしながら，これらの副詞にはそれぞれ別の意味があり，apparently には「明らかに」，deliberately には「慎重に」，naturally には「自然に」という意味が存在する．これらの意味対立と音調，または音調句との関係について以下で考察し，本章を終えることとする．

4.3.1　Apparently

　Quirk *et al.* (1985, p.623)，Greenbaum (1969, p.204) によると，apparently には以下のように dubitative と indubitative の両方の意味が起こりうる，とされている．音調強勢記号の表記は示されていない．

(52)　Apparently | he can win the match
  (= It seems that he can win the match.)
  (= It is clear that he can win the match.)

　コーパス中の apparently の出現数は 9 例あり，いずれも下降調がきていた．

(53)　a.　... | a`pparently | Trumpington | which I applied to | have not　written
   for references yet | ... (S-04-06:133)
  b.　| and Mr Lumsden a`pparently I mean this is no particular concern of
   yours | ... (S-08-03:233)
(54)　a.　... | they're all a`pparently | dead against it | ... (S-05-04:78)
  b.　... | but because he a`pparently | didn't seem terribly affected | ...

(S-06-05:183)

     c. ... | this year | a`pparently | is a lot bigger than last | ...   (S-07-01:93)
     d. ... | who a`pparently | was at that time | ...   (S-12-04:Heading)
     e. ... | who like the wife here | is completely devoid | a`pparently | of any money sense | ...   (S-12-04:1)
(55) a. ... | which revealed | a`pparently | ...   (S-11-01:159)
     b. ... | Mr Waldo | then went | out leaving Mrs Baddeley Pritchard | a`pparently | ...   (S-12-04:1)

　これらすべての下降調が indubitative，すなわち「明らかである＝it is clear」という意味に付随して現れているとは，限られたコンテクストから判断して断定するのは難しいが，これまで見た下降調の確信性を強める機能がこの副詞の意味決定に関わっていると考えられなくもなさそうである．中国語に代表される声調言語は声調によって単語の意味を識別する機能を持っている．英語などの強勢言語での強勢は品詞を区別することはあっても，単語の意味区別まではしない．しかし，この apparently の意味対立と音調の二項対立，つまり，dubitative と上昇調，indubitative と下降調との相関についてはどうだろうか．より綿密な調査が必要だが，その可能性，すなわち，音調が単語の意味にまで関与する可能性があるのではないか．

4.3.2　Deliberately

　Allerton and Cruttenden（1976, p.36）によると，「わざと」という意味を持つ [+volitive] の deliberately は文中において予測される下降調と同様，下降上昇調をとるが，文末では下降上昇調はとらないとされている．確かに，文中で下降上昇調を伴っている例があった．

(56) ... | the Bank of England's de˅liberately held off | ...   (S-02-13:48)

　しかし，文末でも上昇調で現れている例もあった．

(57) a. ... | but perhaps it's perhaps they've chosen her de˅liberately |
     　　(S-01-10:117)
     b. ... | I sent it round de˅liberately | ...   (S-05-11:152)

c.　... | a few are shot by mistake | more than de⌄liberately | ...

(S-10-08:78)

　これらの上昇調の機能の1つとしては継続性を表す談話的機能が考えられる．あるいは，deliberately という単語には「慎重に」という意味もあり，(57c) にはあてはまらないだろうが，(57a) と (57b) ではこの意味で解釈することも可能である．その場合の意味と音調，ここでは上昇調であるが，との関連性についても上記の apparently と同様に今後の調査の対象となりそうである．

4.3.3　Naturally

　Greenbaum (1969, p.183) が指摘しているとおり，(58a) での naturally は独立した音調句を形成する付接詞 (disjunct) で，前の音調句にある behave に係ることはなく，「当然」(= of course) という意味を持つ強化的，indubitative な副詞である．これに対し (58b) の naturally は，同一音調句内の behave に係る付加詞 (adjunct) であり，「自然に」(= in a natural manner) という意味を持つ．

(58)　a.　| I expect my wife to behave | naturally |

　　　b.　| 1 expect my wife to behave naturally |

(音調強勢記号の表記は示されていない．また，Greenbaum は音調句境界を異なった記号で示している)

　コーパス中には，上昇調を伴い独立した音調句となっていた例が4例あった．

(59)　a.　... | but ⌄naturally | they didn't reproduce the ones I wanted |

(S-04-04:135)

　　　b.　... | ⌄naturally | the exponents of stricter censorship | insist that this | still leaves | a wide margin for exemplary influence | ...　(S-12-07:31)

　　　c.　... | there was always a fairy strong | pro-Arvis group | in the Beaver party | quite ´naturally | ...　(S-06-07:94)

　　　d.　| the Duke lingering | to have a a a last word | ´naturally | ...

(S-10-07:39)

独立した音調句として現れていない以下の例で，(60a) での naturally は付加詞となっている可能性もあり，(60b) でも同様であるが，同一音調句内の of course と同じ意味合いで反復して使われている可能性もあり，その場合は付接詞と見なすことができる．

(60) a. ... | because they were ˇnaturally polite to you |　　　(S-06-04:51)
　　　b. ... | this point of course ˇnaturally | always must occur to anyone in in whatever realm of operations they do | ...　　　(S-11-05:79)

上記の例は音調句境界が単語の意味識別に関わる例と考えられるが，apparently, deliberately と同様に，音調パターン，すなわち，下降調か上昇調がどちらの意味として現れるかを決定づけるうえでの弁別的な働きを果たしている可能性もあるのではないか．

5．結論

本稿で明らかにしたのは次の2点である．

（ⅰ）話し言葉からなる本コーパスでは，制限的副詞には想定される上昇調よりも多くの下降調の例が見出され，その数は104に対して110例となった．これに対し，強化的副詞に現れた上昇調の数は72にとどまり，想定された下降調は284例で，比較的多くなった．文レベルで想定された音調パターンが談話レベルでどの程度の割合で現れるかを実証した．

（ⅱ）コーパスという限られたコンテクスト内での結果ではあったが，制限的副詞に現れた下降調は，副詞の表す確信性や可能性の度合いを強める機能を果たしていると述べた．強化的な副詞に現れた上昇調の働きとして，話者の独断的な心的態度を弱めてより好意的に響かせる機能と，談話内での継続性を示す機能があると論じた．

本章を終えるに当たり，2つの意味を持つ apparently, deliberately, naturally と音調の二項対立との論考から，副詞の意味が具現されるうえで音調が関与する可能性を指摘した．

＊ SEU Corpus の Spoken part から本データを抽出したり，オリジナルのオープ

ンリール・テープを試聴することを快く，特別に許可して下さった故 Sidney Greenbaum 氏に感謝の意を表したい．

参考文献

Allerton, David J. and Alan Cruttenden (1974) English Sentence Adverbials: Their Syntax and their Intonation in British English. *Lingua*, 34, 1-30.
Allerton, David J. and Alan Cruttenden (1976) The Intonation of Medial and Final Sentence Adverbials in British English. *Archivum Linguisticum*, 7, 29-59.
Cruttenden, Allan (1981) Falls and Rises: Meanings and Universals. *Journal of Linguistics*, 17, 77-91.
Cruttenden, Alan (1984) The Relevance of intonational Misfits. In Gibbon, D. and H. Richter(eds.) *Intonation, Accent and Rhythm*. Berlin: de Gruyter, 67-76.
Cruttenden, Alan (1997) *Intonation*. Cambridge: Cambridge University Press.
Greenbaum, Sidney (1969) *Studies in English Adverbial Usage*. London: Longman.
Greenbaum, Sidney (1985) Reports on Research, 25th Anniversary of the Survey of English Usage. *World Englishes*, Vol.4, 2, 261-263. London: Pergamon Press.
Quirk, Randolph, Sidney Greebaum, Geoffrey Leech, and Jan Svartvik (1985) *A Comprehensive Grammar of the English Language*. London: Longman.

第6章
平板化の出現度合いとピッチ特性，およびその知覚について

佐藤　努

1．はじめに

　本稿は，20歳代の若者を対象として，本来頭高型のピッチ・アクセントを持つとされる外来語がどの程度の割合で平板化されて読み上げられるかを調査したものである．結果として得られたデータを音響分析し，平板化のピッチ特性を明らかにし，読み上げ速度が速くなるにしたがってその形状がどのように変化するかについても観察した．さらに，読み上げ実験のデータにもとづき音声合成を行い，平板化されたピッチ・パターンを持つ刺激音が頭高型の語と判断されるか，あるいは平板型の語として認識されるのかについての知覚実験の結果についても報告する．

2．平板化現象

　石野（1989, p.105）によると，外来語のピッチ・アクセントの平板化は専門家や若者によって進められた現象とされている．さらに，井上（1992）は，平板化は1970年代に音楽サークルに所属する若者によってはじめられたとし，大学生を対象に大規模調査を行い，学生の興味に応じて，音楽業界，オーディオ，コンピュータなどの分野で広く用いられていると結論づけている．『NHKアクセント辞典』（1998, p.10）でも，1985年版の内容に加えてこの平板化現象について加筆されており，頭高型の語が平板型のピッチ・アクセントで発せられる傾向を取り上げている．また，秋永（1998, p.187）では，頭高型だけではなく「デザイナー」のような中高型の語が平板化されていることも指摘されている．

3. 実験1　読み上げ

3.1　方法

　本実験に用いたテスト語は，英語からの借用語で，「場面」という意味を表す「シーン」(scene)，および「しいん（死因）」の 2 語で，東京アクセント体系では，前者は頭高型，後者は平板型を持つとされている（金田一・秋永　1981, p.289，NHK 放送文化研究所編 1998, p.361）．

　資料提供者は大学に在学する20歳代の男女それぞれ 5 名で，平均年齢は23.3歳である．10名のうち，5 名は東京生まれの東京育ちである．残りの 3 名は千葉と東京，2 名は埼玉と東京との県境の出身で，東京アクセント体系を持つと判断した．

　これらの単語と別の研究目的で使用する 8 単語，およびダミーとして用いた10単語，あわせて20単語を順不同に書き並べてリストにしたものを各資料提供者に読み上げ速度をできるだけ一定にして，5 回繰り返しで読んでもらい録音した．続いて，これらの単語を以下のテスト文にそれぞれ埋め込んで，コンピュータのディスプレイ上にそれぞれ 4 秒間（Slow Rate），2.8秒間（Mid Rate），1.7秒間（Fast Rate）提示させて，提供者に読んでもらい録音した．これらの提示時間は，本実験の資料提供者とは別の 2 名に以下の埋め込み文を各自，本人たちの判断する「ゆっくり」，「中くらい」「速く」の 3 段階別にあらかじめ10回繰り返して読ませ，結果として得られた各スピード別のデータの平均値にそれぞれ相当する．

　　シーンと音が入る
　　死因と謎がわかる

　この場合も，本実験とは無関係の上記18単語がそれぞれ異なったテスト文に埋め込まれて，それらと一緒に順不同にディスプレイ上に提示された．このようにして，単独で読まれた単語，100データ（2 単語×5 回繰り返し×10名），および，速度を変えてテスト文に埋め込まれた単語，300データ（2 単語×3 速度×5 回繰り返し×10名）の音声波形とピッチを音声分析ソフト，*Signalyze* で表示してそれらの音響的な特性を観察した．

3.2 結果と考察
3.2.1 音響的特性

「シーン」の発音について，単語リストの読み上げ結果の分析に関しては，提供者10名全員が平板化を起こすことなく，すべて頭高型で発音していたことがピッチ表示，および聴覚的な判断からも認められた．

その一方で，埋め込み文での結果は，4名が一貫して頭高型，5名が平板化を起こした発音，そして，残りの1名は両方のアクセント・パターンを混在させて，10回を頭高型，5回を平板化で読んでいた．

まず，図6.1に頭高型で読まれたピッチを示す．

(a)，(b) では，語頭にピッチの上昇が見られるが，(c)，(d) に関してはこのような上昇は特に出ていない．

次に，平板化された例を図6.2に示す．

語頭の上昇は (b)，(c)，(d) では認められるが，(a) と (e) では観察されな

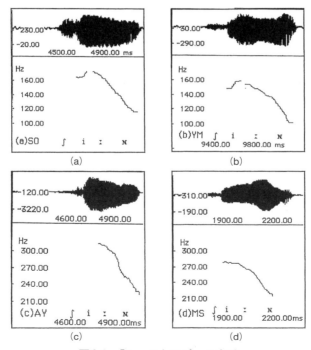

図6.1 「シーン」のピッチ表示

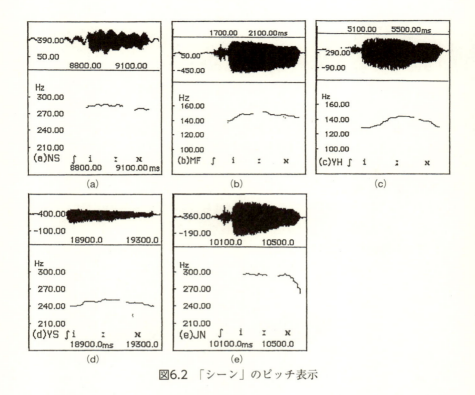

図6.2 「シーン」のピッチ表示

かった．また，語中から語末への下降の度合いについても差があり，(c) と (e)，特に (e) では顕著で，聴覚的にはやや特異な発音として受け止められた．(a) のピッチはかなり平坦である．

続いて，図6.3に両パターンが混在したTSのデータから頭高型，平板化，両方の例を示す．平板化された発音では出だしにわずかな下降，末尾ではわずかな上昇が観察される．

比較する意味で，「しいん（死因）」のピッチ例を図6.4に示す．

上述したように，平板化された発音のピッチにはその現れ方に差がありそうだが，東京アクセントで1モーラ目が低くはじまる平板型のピッチと比較すると，出だしのモーラの高さは高くはじまっていることがわかる．従来，頭高型の発音とされているので，その変異型ではあるが，語頭の高さを保っていることが特徴といえよう．

68

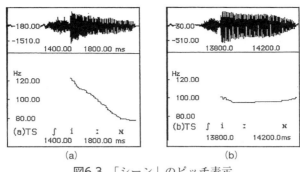

図6.3 「シーン」のピッチ表示

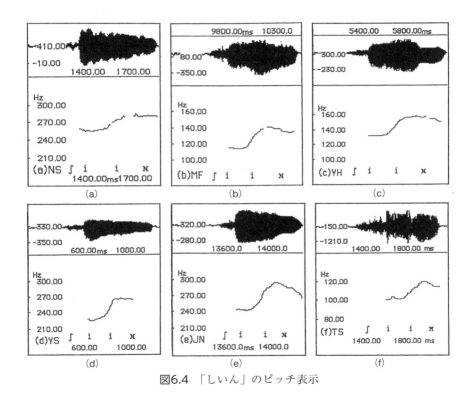

図6.4 「しいん」のピッチ表示

3.2.2 速度を変化させた読み上げ

図6.5に読み上げ速度を変化させて得られた「シーン」のピッチ例をSlow, Mid, Fast の順に示す.

第6章 平板化の出現度合いとピッチ特性,およびその知覚について ● 69

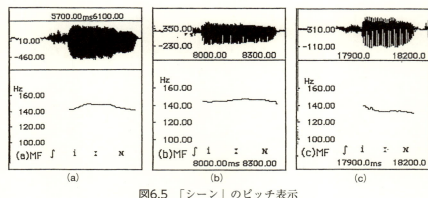

図6.5 「シーン」のピッチ表示

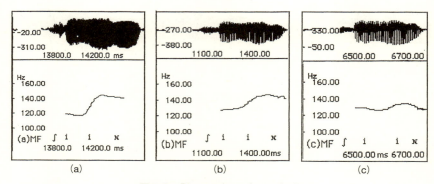

図6.6 「しいん」のピッチ表示

　(a) slow では，語頭の上昇が観察されるが，(b) mid では平坦，(c) fast では下降する動きさえが認められる．

　これに対し，図6.6に示された「しいん」の場合は，テスト文の提示時間が短くなるにつれて対応するピッチのレンジが狭くなってきているが，ピッチのピークが2モーラ目の「い」にあることは変わらない．

　図6.5 (a) と図6.6 (a) とを比較すると，語頭の上昇度合いの差から聴覚的に両者を識別することは容易に思えるが，速度が速くなると両者のピッチは上述した2モーラ目のピークの有無はあるにしても識別が難しくなるように思われる．

　以下に平板型の図6.6 (c) と平板化された図6.5 (b) のピッチを比較するかたちで図6.7に再度示す．

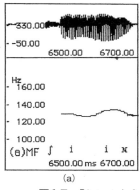
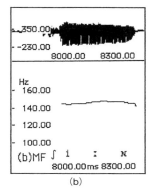

図6.7 「しいん」と「シーン」のピッチ表示

このような類似したピッチパターンを持った両者を比較的若い世代の聴者はどのように知覚し識別するのかを調べるため，以下のような知覚実験を行った．

4．実験2

4.1 方法

実験1から得られたピッチ曲線，すなわち，平板化された「シーン」，頭高型の「シーン」，平板型の「しいん」の，出だしと終わり，そしてその間に介在するピッチ変動の起点となっている2点，合計4点を直線で結ぶことによって合成音声を作成した．図6.8にこれらの点を○で示す．

実験1で速度を変化させて得られたすべてのデータのこれら4点のピッチを読み上げ速度別に計測し，その平均値を求めることによって合成音声の元となる値をそれぞれ決定した．同時に，始点から2点目までと，始点から3点目までの継続時間も読み上げ速度ごとにすべて計測し，これらの値の平均値を求めた．合成するうえでは，各速度での単語長の平均値，すなわち，675 ms（Slow），424 ms（Mid），245 ms（Fast）をそれぞれ基準として2点目，3点目の平均値をそれぞれパーセントで示すこととした．結果として得られた合成パターンを図6.9に示す．

曲線の略号の最初のアルファベットは読み上げ速度S, M, Fを表し，HHHは平板化，HLLは頭高型，LHHは平板型を表している．

合成の音源には，ピッチ曲線が比較的一貫しており，抽出もきれいに行えた

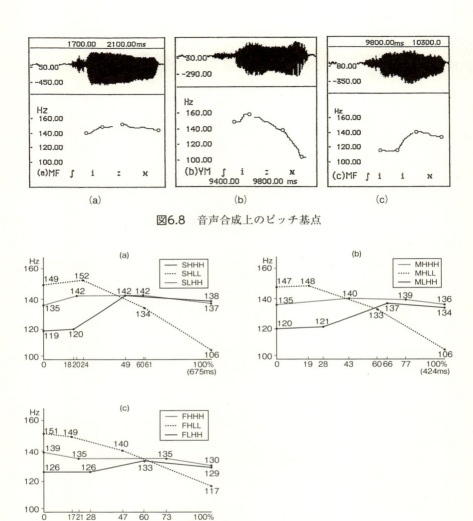

図6.8 音声合成上のピッチ基点

図6.9 合成パターン

男性資料提供者 MF のデータの中から，上記の単語長の平均に最も近い継続時間を持った実データを速度別にそれぞれ選び出した．合成には Windows 用「音声録聞見」の PANASYNS プログラム（Partial-correlation Analysis and Synthesis）を使用した．

このようにして得られた9つの刺激音（3速度×3ピッチパターン）を，実

験1の提供者とは別の20歳代の被験者（男性3名，女性2名），および，40歳代と60歳代の男性各1名，合計7名にあらかじめ順不同に録音した5セットを聞かせ，「シーン」か「しいん」のどちらに聴こえたかをアンサーシートに選択式（ティック）に記入させた．60歳代の男性は千葉と東京の県境の出身だが，他の6名はいずれも東京生まれ，東京育ちである．

4.2 結果と考察

このようにして得られた45の刺激（刺激音9×5セット）への聴き取り結果を表6.1に示す．

表6.1 刺激音に対する回答数

	shi-n		shiin			shi-n		shiin	
1	FHHH			7	26	MHLL	7		
2		1	SLHH	6	27	SHHH	1		6
3	SHHH	1		6	28	SHLL	7		
4	FHLL	6		1	29			SLHH	7
5	MHHH			7	30	FHHH			7
6			FLHH	7	31			MLHH	7
7	MHLL	7			32	FHLL	7		
8	SHLL	7			33	MHLL	7		
9			MLHH	7	34			FLHH	7
10	FHLL	7			35	SHHH	1		6
11	MHHH			7	36	MHHH	1		6
12			FLHH	7	37			MLHH	7
13	MHLL	7			38	SHLL	7		
14			MLHH	7	39	MHLL	7		
15	SHLL	7			40			FLHH	7
16	FHHH			7	41	MHHH	1		6
17			SLHH	7	42	FHLL	6		1
18	SHHH	2		5	43	SHHH			7
19	FHHH			7	44			SLHH	7
20			MLHH	7	45	FHHH			7
21	SHLL	7							
22			SLHH	7					
23			FLHH	7					
24	MHHH	1		6					
25	FHLL	6		1					

表6.2 「シーン」,「しいん」への回答数

	shi-n	shiin
SHHH	5	30
MHHH	3	32
FHHH	0	35
SHLL	35	0
MHLL	35	0
FHLL	32	3
SLHH	1	34
MLHH	0	35
FLHH	0	35

　実際に流した刺激音の順が縦に，刺激音の種類とともに記されている．各刺激音に対して「シーン」,「しいん」のどちらに聴こえたかを示す回答数がそれぞれ記されている．例えば，2の刺激音，SLHHに対しては，1名が「シーン」，6名が「しいん」と答えたことを表している．さらに，HHHに対して「シーン」と判断された場合にはセルに斜線を，「しいん」とされた場合には点を入れて示した．

　表6.2には刺激音のパターン別に「シーン」と聴いた総数と「しいん」と聴いた総数を示す．

　平板型のLHHに関しては，Slowの1例を除いてすべて「しいん」と判断された．頭高型のHLLについては，Fastの3例を除いてすべて「シーン」と聴いている．平板化されたHHHに対しては，S, M, Fと刺激音が短くなるにつれて「シーン」と聴いた回答数は減り，Fでは「シーン」への回答数は0となり，すべて「しいん」と判断されている．

5．結論

　本章では以下の点について論じた．
（i）20歳代の資料提供者10名を対象に「シーン」という頭高型を持つとされる語のピッチ・アクセント・パターンにおいての平板化の出現度合いを調べたところ，単独発話では全員が頭高型で発音したが，埋め込み文の中では，4名は頭高型，5名は平板化されたパターン，1名は両方のパター

ンを混在させて発音していた．
(ii) 平板型を持つとされる「しいん」のピッチ・パターンと対比させて，「シーン」のピッチ・パターンの音響的特性を明らかにした．
(iii) (ii)での特性が速度を変化させた発話ではどのように変化するかを観察した．速度が速くなるにつれて，ピッチレンジは狭まるが，Fastでも「しいん」の2モーラ目にピッチピークが認められた．
(iv) 音声合成から得られた刺激音を用いて知覚実験を行ったところ，HHHはSで5例，Mで3例，「シーン」と判別されたが，Fではすべて「しいん」と判断された．

　(iv)と関連して，1モーラ目を低く発音する東京方言とは異なり，京都方言などでは平板型を高く発音するため（NHK 1998, p.145），図6.2で示した平板化されたピッチの形状に近い特性を持つと考えられる．このようなピッチ・アクセント体系での頭高型の平板化についてや，実験2で行ったような平板型との識別についてどのような結果が得られるのか，興味深いところである．

　本章での実験は，執筆者の学位論文，Sato (2004)の内容の一部としてSato (2002, 2003a, 2003b)において行われた．NHK放送文化研究所編（2016, p.507）では，「サークル」という見出し語に対して2種類のアクセント表記を併記し，「円形」の意味では頭高型を，「大学のサークル」の意味では平板型を表記している．このことは，同音異義語で，新たに使われるようになった意味の方を表すのに平板化された発音を使用することが定着してきたと考えられるが，それがどの程度定着してきたのか，また，逆に，平板化が定着しなかった例などがないのかどうかについてもさらに調査してみたい．

参考文献
秋永一枝（1998）「共通語のアクセント」NHK放送文化研究所編（1998）『日本語発音アクセント辞典 新版』 東京：日本放送出版協会．
井上文雄（1992）「業界用語のアクセント 専門家アクセントの性格」『月刊言語』21-2, 34-39．
石野博史（1989）「外来語」玉村史雄編『講座　日本語と日本語教育6　日本語の語彙，意味（上）』 97-120, 東京：明治書院．
金田一春彦・秋永一枝（1981）『明解 日本語アクセント辞典 第2版』 東京：三省堂．
NHK放送文化研究所編（1998）『日本語発音アクセント辞典 新版』 東京：日本放送出版協会．
NHK放送文化研究所編（2016）『日本語発音アクセント新辞典』 東京：日本放送出版．
Sato, Tsutomu (2002) The Acoustic Analysis of a High Level Pitch-accent Pattern of a

Loanword by Japanese Younger Generation. *The Meiji Gakuin Review*, 676, *English and American Literature and Linguistics*, 108, 77-93.

Sato, Tsutomu (2003a) A Pilot Study of Young Japanese People's Perceptions of a High Level Pitch-accent Pattern. *The Meiji Gakuin Review*, 695. *English and American Literature and Linguistics* 111, 77-91

Sato, Tsutomu (2003b) The Perceptual Cues of a High Level Pitch-accent Pattern in Japanese: Pitch-accent Patterns and Duration. *8th European Conference on Speech Communication and Technology* (EuroSpeech 03), Geneva, Switzerland, CD-Rom.

Sato, Tsutomu (2004) *The Production and Perception of Japanese Identical Vowel Sequences and their Acoustic Characteristics in Connected Speech*. Ph.D. Thesis. University of London.

第7章
個音の継続時間長の割合と意味識別機能，文法的機能

佐藤　努

1．はじめに

　本章の目的は，長短母音・子音の長さの割合が言語によって異なるのかどうかを検証すると同時に，それらの長さの違いによってどのような言語的機能が生じ，それらの機能と長短の割合との間に因果的な関係があるのかどうかについても明らかにすることである．

　ある言語において個々の音，すなわち分節素を入れ替えることによって意味の変化が生じる場合，これらの分節素は異なった音素となり，音素対立を起こす，といわれている．分節素の長さ，すなわち母音や子音の継続時間が異なることによって音素の二項的対立を生む場合があることは多くの言語で知られている．例えば，日本語の「数理」と「スリ」では母音の長短によって意味の違いが生じる．

　また，Lehiste（1970）や Ladefoged and Maddieson（1996）で指摘されているように，長短母音の対立は長，短の2対立のみならず，北アメリカインディアンのミヘ語（Mixe）のように3つの長さ，ないしはケニアのキカンバ語（Kikamba）のように4つの長さの対立を持っている言語もあることが知られている．スーダン，エチオピアで使われているヌエル語（Nuer）やスー語族のヒダーツァ語（Hidatsa）にも3つの長さの母音の対立が見られる．ヒダーツァ語では，長母音が2モーラの長さと3モーラの長さで対立する場合があるようである（亀井ほか（編）1992a, p.467）．

　個音の継続時間の長短による識別は子音にも存在し，Sato（2009a）ではキリバス語の鼻音の長短について扱い，Sato（2011b）ではそれらの音響的な特性についても調査した．カロリン諸島のプラップ語（Pullapese），プルワット語

(Puluwatese)，プロアナ語（Pulo Annian）などでも子音の対立があり，プルワット語の例としては *par*「盲目の」*ppar*「付いている」のペアに見られるように，破裂音による対立があるようだ（亀井ほか 1992a, p.869）．他には，ヒダーツァ語，スーダン，チャドで話されているフル語（Fur）などが挙げられ，フル語では単扇動音と扇動音との対立として *ur-*「閉じる」*urr-*「埋める」という例が見られる（亀井ほか 1992a, p.829）．

しかしながら，このような長い分節素に対する短い分節素の継続時間の割合，すなわち，Durational Ratio（以下，DR）についての言語間による比較はこれまであまりなされてきていないように思われる．このような研究結果は，目標言語の音声を習得するうえでの教育的な基準を客観的に与えるだけではなく，対象となる言語の音声をより自然な長さに人工的に生成する際の手がかりになりえるものと考える．

また，母音の長，短の対立機能は意味の識別だけではなく，これから詳述するように，キリバス語における単数形・複数形の識別（*ben* 'a coconut', *been* 'coconuts'），モンゴル語の自動詞・他動詞（*xarax* 'become dry', *xaraax* 'dehydrate'），ヒンディー語の動作主・動詞などに見られる品詞の識別（*kanhari* 'boatman', *kanharii* 'piloting a boat'）などがある．長短母音の対立と同様に，子音の長短による文法的機能もあり，エチオピアのネラ語（Nera）では *kal-e* 'I will eat', *kall-e* 'I ate' の例には時制の違いが見られる（亀井ほか 1992a, p.36）．

以下，次のセクション 2 で，日本語も含む 6 言語間における分節素継続時間長の割合を比較した結果を報告し，続く 3 では，世界の言語における長短母音・子音の分布について言語資料を用いた調査結果を取り上げ，最も分布の多かったオーストロネシア語族のオセアニア言語における長短母音・子音の果たす言語的機能とその継続時間長の割合について 4 で述べる．

2．分節素の継続時間長の割合（Durational Ratio）

DR の値は対立を持つと考えらえるペア，ないしはグループでのより長い分節素の平均継続時間長をより短い分節素の平均継続時間長で割ることによって求められる．例えば，Lehiste (1970, p.46) はエストニア語（Estonian）の短母音の平均継続時間長は長母音の平均継続時間長の 58.1% になった，と述べているが，この場合の DR は 1.72（$1 \div 0.581 = 1.72$）となる．

Sato（2004）において，日本語の長短母音を含んだ単語4ペア，合計8語（データ1を参照）を男女各5名から成る日本語話者10名が5回繰り返して読み上げた実験を行った．平均年齢は23.3歳である．録音されたデータの音声波形，および広帯域スペクトログラムから母音長の継続時間を計測し平均値を求めたところ，DRは2.66となり，先行研究のY. Sato（1998）での結果と同一の値となった．他の先行研究のHan（1962, p.69）によると，母音の先行子音が有声の場合の値は2.5，無声の場合は3，という値になっていた．また，Kanzaki（1990）では，やや低く2.27〜2.48となっている．

　次に，このDRの値を他の言語と比較するために，長短母音の対立を持つと考えられ，それぞれ異なる語族に属する5言語を任意に選び出し，現地にてデータ収集を行った．それらは，オーストロネシア語族のキリバス語（Kiribati, Sato 2009b，キリバス共和国クリスマス島），ニジェール・コンゴ語族のシロジ語（Silozi, Sato 2010a，ザンビア共和国），アルタイ語族のモンゴル語（Mongolian, Sato 2010b，モンゴル），インド・ヨーロッパ語族のヒンディー語（Hindi, Sato 2011a，インド），そしてマクロ・チブチャン語族のミスキト語（Miskito, Sato 2012，ニカラグア）である．語族の名称や分類についてはKatzner（1995）にもとづいている．読み上げ実験方法，ならびに分析方法については上記のSato（2004）と同じである．各言語の単語リストはデータ2〜6に収録されている．各言語の資料提供者は男性6名で，それぞれの平均年齢は，キリバス語34.5歳，シロジ語35.1，モンゴル語27.3，ヒンディー語29.3，ミスキト語44.6である．順不同に書かれたデータをリストとし，各リストを5回読み上げてもらったものをソニーリニアPCMレコーダーPCM-D50，およびPCM-M10で録音し，各母音の継続時間の計測を行った．例として，モンゴル語話者の読み上げた acax /asax/ 'catch fire' と acaax /asaːx/ 'make something burn' の音声波形と広帯域スペクトログラムを図7.1に示す．

　結果として，DRは言語間において異なり，前述した日本語の2.66を最大値として，以下のような序列が見出された．

日本語（2.66） ＞ モンゴル語（2.48） ＞ キリバス語（1.85） ＞ ヒンディー語（1.23） ＞ シロジ語（1.14） ＞ ミスキト語（1.0005）

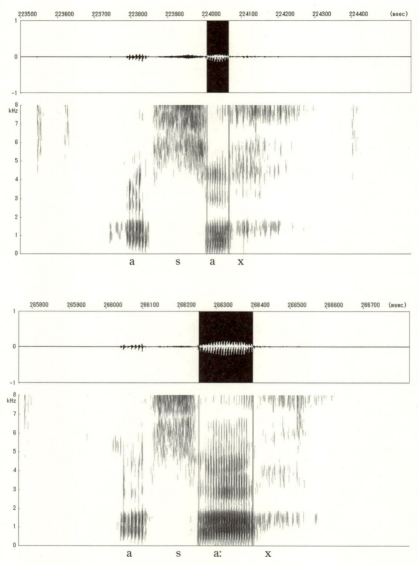

図7.1 acax /asax/ と acaax /asa:x/ の音声波形と広帯域スペクトログラム

3．世界の言語における長短母音・子音の分布

　佐藤（2013, 2014, 2015, 2016）において，世界の言語において短母音と長母音の音素的対立を持った言語がどのくらいあるのか，また，どのように分布しているのか，についての調査を行った．資料としては，一定数の世界言語を収録した亀井ほか（編）（1988～93）『言語学大辞典』の中の第1～4巻［世界言語編］，および，第5巻［補遺・言語名索引編］を参照した．第1巻から第4巻までの収録言語数は約3500，第5巻の言語数は100余とされている．長短母音音素対立を資料内で確認するにあたっては，見出し語に関する音韻記述の中で，はっきりと「長短による対立がある」と述べているものと，母音体系が記載され，そこで用いられている発音記号から判断して対立が認められるものを抽出した．その結果，292言語が対立を持つものとして選び出された．ただし，見出し語についての記述については，記述項目，記述量にかなりの差があり，また，母音記述についてもその有無があり，表記法についてもまちまちであるので，実際に対立のある言語の実数が結果として抽出された言語数を上回っている可能性が高いことは否めない．

　そのうち，対立を持つとして抽出された言語数を括弧内に表し，その数の多い順に語族を見ていくと，オーストロネシア語族（88），アメリカインディアン（54），チャリナイル語族（32），オーストロアジア語族（28），アフロ・アジア語族（21）の順となり，環太平洋，北米・中米，アフリカ，東南アジアなどの地域を含む結果となった．対立を持つと考えられる長短子音の抽出数と分布については他の稿で詳述する．なお，語族の分類，名称は Katzner（1995）にもとづいている．

4．オセアニアの言語と DR

　以下，抽出数の最も多かったオーストロネシア語族からオセアニア内，ミクロネシアのキリバス語（Sato 2009a, 2011b）とポリネシアのハワイ語（2017a），ツバル語（2018），そしてバヌアツで話されているポリネシア系のメレ語（2017b, 2017c）の長短分節素の DR と，それぞれの言語の母音，子音の対立を言語的な機能別に見ていくこととする．図7.2にオセアニア地図を示す．

図7.2 オセアニア

　データ収集方法は2で述べたSato (2004) と基本的に同じである．使用した単語はデータの2, 7, 8, 9にそれぞれ示されている．各言語の資料提供者はキリバス語6名（男性），ハワイ語2名（男性1名，女性1名），ツバル語1名（女性），メレ語6名（男性3名，女性3名）である．

4.1　意味識別機能

4.1.1　母音

　それぞれのDRの結果を高い順に示すと，ハワイ語2.14，キリバス語1.86，メレ語1.2，ツバル語1.15となり，4.2において文法識別機能のDRと比較されることになる．

4.1.2　子音

　ハワイ語を除いては子音にも意味対立があり，キリバス語では鼻音，ツバル語とメレ語ではデータ8.1と9.1に示されているように，破裂音，摩擦音，鼻音に対立がある．それぞれのDRは2.23, 1.33, 1.05となり，これらの値も以下の4.2で比較される．

4.2 文法識別機能

4.2.1 単数形・複数形

　Lynch (1998, p.108) によると，ポリネシア，ミクロネシアの言語の中では，長短母音が単数形・複数形の識別機能を果たすと述べられている．中でも，[+ human]，すなわち人間にまつわる語の単数形・複数形の識別が長短母音によって表されるとされ，マオリ語から /tangata/ 'man'/ta:ngata/ 'men' の例が挙げられている．

　ハワイ語にはデータ7で挙げられている例以外にも /luahine/ 'an old woman' /lua:hine/ 'old women' などがある．Sato (2017a) での分析結果では単数形・複数形を識別する母音の DR は2.54となり，それ以外の意味識別のみに関わる母音の DR, 2.14よりも大きな値となっている．ツバル語では，データ8にあるように tagata 'man' ta:gata 'men' のペアのみで，その DR は1.68で，意味対立母音の DR, 1.15を上回る数値となっている（Sato 2018）．ちなみに，ミクロネシアのキリバス語については [+ human] 以外の語のデータとなるが（データ2.2），DR は1.85となり，意味対立の場合の1.86と大きな差はない（Sato 2009b）．

　ツバル語では taka 'unmarried' (sg.) ttaka 'unmarried' (pl.), sulu 'dive' (sg.) ssulu 'dive' (pl.) の例に見られるように，子音，すなわち破裂音や摩擦音の長短によっても動詞や形容詞などの単複の文法的な一致が表されるようで，この場合の DR は2.56となり，上述の名詞，tagata 'man' ta:gata 'men' での母音の DR, 1.68を上回り，子音の意味対立の DR, 1.33よりも大きくなっている．

4.2.2 自動詞・他動詞

　メレ語には，jila 'steer' / ji:la: 'steer a boat'，siva 'bounce' / si:va: 'bounce ~' の例に見られるように母音の長短による自動詞，他動詞の識別があり，DR は0.97となり，長母音とされる母音長が短母音長を割ってしまっている（Sato 2017b）．これに対し，メレ語の意味対立を示す DR は1.2なので，この値と比較しても DR はより小さくなっている．上述したモンゴル語の場合と比較すると（データ4），Sato (2010b) では自動詞，他動詞を表す長短母音の DR が2.48，意味対立を表す長短母音の DR が2.07 (Sato 2010c) となっている．

4.2.3 派生形

　ある品詞から別の品詞へと，分節素の長短が派生させる働きがあることは，

Hovdhaugen（1990, p.95）がサモア語の例を挙げて指摘している．ヒンディー語に関しての先行研究である Sato（2011a）でも以下のような例が指摘されていた．データ5より引用する．

  c. dui 'two'   duii 'duality'
  e. sarbari 'equal'   sarbarii 'equality'
  i. anuhar 'imitate'   anuhaar 'imitation'

これら Derivation グループの DR は1.23となり，意味対立のグループの1.35よりは小さい，という結果が出た．

メレ語の母音の長短による jijika 'hopping' / ji:jika 'hop' はこの派生の例と見なすことができよう．このペアの DR は1.09である．

類似した例としては，まず，メレ語における名詞とその名詞による動作を表す動詞の例が長短母音のみならず，摩擦音や鼻音などの長短子音によっても表される．データ9.2より引用する．

  soro 'cut with a saw' / so:ro 'saw'
  fana 'bow' / ffana 'shoot with a bow'
  mata 'eye' / mmata 'watch'
  DR はそれぞれ，1.08，1.33，1.005である．

上述したように，メレ語の意味対立を表す長短母音の DR は1.2，長短子音の DR は1.05となった．

ツバル語には名詞と形容詞，またはその名詞を用いた受動態が長短母音で表される以下のような例が見受けられた．

  kaumana 'cloud'   kaumana: 'be cloudy'
  lafa 'ringworm'   lafa: 'be affected by ringworm'
  aka 'roots'   aka: 'be heavily rooted'

これらの DR は1.78となり，意味対立を表す長短母音の DR，1.15を上回る結果となった．

まとめると，意味的対立の DR が文法的対立の DR よりも大きかったのがメレ語の母音，反対に，文法的対立の方が意味対立より大きかったものがハワイ語の母音，ツバル語の母音，子音，両者に大きな差がなかったのがキリバス語の母音という結果になり，一概に言語的機能と DR との間に相関性があるとはいえないようである．

また，上記の文法識別機能とそれを使用する言語との関係をまとめると以下

のようになる．

単数形・複数形：ハワイ語（母音），キリバス語（母音），ツバル語（母音・子音）
自動詞・他動詞：メレ語（母音），モンゴル語（母音）
派生形：メレ語（母音），ヒンディー語（母音）
名詞とその動作：メレ語（母音・子音）
名詞と，受動態または形容詞：ツバル語（母音）

5．結論

本章では以下のことを論じた．

長短母音，子音の継続時間の割合（DR）は言語によって異なり，その値の大小にもとづく序列がある．個音の継続時間長の長短によって意味的対立が生じるだけではなく，言語によっては文法的対立も作られる．それらの DR の値も言語によって定まっている．

長短母音，子音による言語的機能，特に文法的機能についてはいまだに整理されていない言語もありそうで，オセアニアの言語を中心に1つでも多くの言語のデータにあたってみたい．

謝辞
本章の内容に対してコメントを下さった以下の方々に感謝いたします．
Ross Clark，Rosie Billington，Paulus Kieviet，Paul Geraghty．
また，各言語の資料提供者，ならびに資料を探すうえで以下の方々にお世話になりました．

キリバス語（Kiribati）
Tinia Teuriaria, Barate Teuriaria, Otea Iotebwa, Keang Tireirei, Nareau Bataeru
ハワイ語（Hawaiian）
Thomas Cummings, Cara Furuya, Janie Lum, Dore Minatodani, Ann Chiu, Pioria Asito
メレ語（Mele，Imere）
Leikoro Rory, Nuku Kalorib, Tupou Alon, and Massai Kalokai, Robert Early, John Lynch, Greg and Bethann Carlson, Ross Clark
ツバル語（Tuvaluan）
Galiei Taua Peni
シロジ語（Silozi，Rozi）
Brett Murray Saunders, Godfrey Kalemba, Aggrey Sianga Lubinda, Harriet Malambo, Evelyn Row

モンゴル語（Mongolian）
R. Gansukh, Usukhsaikhan, Oyungerel Mandshir
ヒンディー語（Hindi）
Misty Dhillon, David Usman Khan, SitaRam, Ismail, Dave MacCoy
ミスキト語（Miskito）
Vianna McGuan, Roy Humphry, Elvis Simons, Rights Hooker Evans, Robert Chew Molina, Berelina Molino

データ

1．日本語
[ʃiN]（芯），[ʃi:N]（シーン）
[keri]（けり），[ke:ri]（経理）
[kato]（過渡），[ka:to]（カート）
[suri]（スリ），[su:ri]（数理）

2．キリバス語（Kiribati）
2.1　意味対立
  a．ti /si/ 'only, we'　　tii /si:/ 'shoot out'
  b．ben /pen/ 'coconut'　　been /pe:n/ 'pen'
  c．ana /ana/ 'his, her, its'　　aana /a:na/ 'its underside'
  d．ana /ana/ 'his, her, its'　　anaa /ana:/ 'fish, take'
  e．man /man/ 'from, animal'　　maan /ma:/ 'long'
  f．ota /ota/ 'understand'　　oota /o:ta/ 'light'
  g．botii /posi:/ 'together'　　booti /po:si/ 'boat'
  h．ko /ko/ 'you'　　koo /ko:/ 'tight'
  i．bun /pun/ 'shell fish'　　buun /pu:n/ 'wife or husband'
  j．taku /taku/ 'say'　　takuu /taku:/ 'long stick'
2.2　単数形・複数形
  a．ika /ika/ (sing.) / iika /i:ka/ (pl.) 'fish'
  b．tiku /siku/ (sing.) / tiiku /si:ku/ (pl.) 'stay'
  c．ben /pen/ (sing.) / been /pe:n/ (pl.) 'coconut (s)'
  d．aba /apa/ (sing.) / aaba /a:pa/ (pl.) 'land (s)'
  e．baba /papa/ (sing.) / baaba /pa:pa/ (pl.) 'crazy'
  f．man /man/ (sing.) / maan /ma:n/ (pl.) 'animal (s)'
  g．boki /poki/ (sing.) / booki /po:ki/ (pl.) 'book (s)'
2.3　長短鼻音
  a．mani 'from'　　mmanii 'thin'
  b．m'aane 'money'　　mm'aane 'man, old'
  c．na 'will'　　nna 'give the slack'
  d．newe 'tongue'　　nnewe 'lobster'
  e．ana 'his, her, its'　　anna 'dry land'
  f．karina 'suddenly'　　karinna 'get together'

3．シロジ語（Silozi）
   a. tisa 'bring'   tiisa 'hold tightly'
   b. muki 'someone who draws water'   mukii 'someone who locks'
   c. fela 'come to an end'   feela 'but'
   d. le 'this, here'   lee 'this one'
   e. ngwe 'leopard'   ngwee 'money'
   f. kwa 'to, from'   kwaa 'spit'
   g. luta 'teach'   lutaa 'pea'
   h. loba 'break'   looba 'the day before yesterday'
   i. yoya 'live'   yooya 'breathing'
   j. lundu 'tree'   luundu 'big hills'
   k. mungi 'taker'   muungi 'founder'
   l. litu 'fruit'   lituu 'seeds'

4．モンゴル語（Mongolian）
4.1　意味対立
   a. ded 'secondary'   deed 'upper'
   b. der 'pillow'   deer 'on'
   c. ex 'mother'   eex 'to warm'
   d. badzax 'hold tightly'   badzaax 'prepare'
   e. bolax 'bury'   bolaax 'rob'
   f. daBoo 'excellent'   daaBoo 'cloth'
   g. dzalxax 'be tired of'   dzalxaax 'punish'
   h. dzoBox 'suffer from'   dzoBoox 'torment'
   i. orox 'enter'   oroox 'to wind'
   j. odam 'origin'   oodam 'spacious'
   k. orag 'relatives'   oorag 'protein'
   l. borax 'exaggerate'   boorax 'reduce'
   m. box 'ox'   boox 'come down'
   n. od 'feathers'   ood 'up'
   o. xox 'blue'   xoox 'drive away'

4.2　自動詞・他動詞
   a. асах / asax / 'catch fire'   асаах / asa:x / 'make something burn'
   b. хатах / xatax / 'become dry'   хатаах / xata:x / 'dehydrate'
   c. халах / xalax / 'become warm'   халаах / xala:x / 'heat up something'
   d. нурах / nurax / 'fall down'   нураах / nura:x / 'destroy'
   e. хөлдөх / xoldox / 'be frozen'   хөлдөөх / xoldo:x / 'make something frozen'
   f. зогсох / zogsox / 'come to a stop'   зогсоох / zogso:x / 'bring to a stop'
   g. ноцох / notsox / 'be lit'   ноцоох / notso:x / 'set fire to'
   h. хохирох / xohirox / 'get hurt'   хохироох / xohiro:x / 'cause damage'

5．ヒンディー語（Hindi）
5.1　意味対立
  a．miti 'measuring'   mitii 'day'
  b．badi 'in vain'   badii 'speaking'
  c．paali 'edge'   paalii 'protecting'
  d．nemi 'rim wheel'   nemii 'principled'
  e．anucar 'follower'   anucaar 'adherence'
  f．sadaa 'always'   saadaa 'plain'
  g．udhar 'over there'   udhaar 'loan'
  h．aukal 'restless'   aukaal 'untimely'
  i．bidar 'frightened'   bidaar 'drive away'

5.2　文法的機能
  a．krmi 'worm'   krmii 'having worms'
  b．tanti 'string'   tantii 'musician'
  c．dui 'two'   duii 'duality'
  d．suuri 'wise'   suurii 'wise man'
  e．sarbari 'equal'   sarbarii 'equality'
  f．kanhari 'boatman'   kanharii 'piloting a boat'
  g．plavan 'water'   plaavan 'floating'
  h．ujihalnaa 'flow'   ujihaalnaa 'pour out'
  i．anuhar 'imitate'   anuhaar 'imitation'

6．ミスキト語（Miskito）
  a．inma 'grass'   iinma 'cry'
  b．ikaia 'put'   iikaia 'kill'
  c．ingni 'empty'   iingni 'light'
  d．wina 'from'   wiina 'meat'
  e．bila 'valley'   biila 'mouth'
  f．apaia 'end'   aapaia 'lay eggs'
  g．bara 'and'   baara 'there'
  h．tawa 'slow'   taawa 'hair'
  i．wal 'with'   waal 'two'
  j．pat 'already'   paat 'trouble'
  k．nana 'neck'   naana 'nurse'
  l．pana 'friend'   paana 'contradiction'
  m．maya 'trash'   maaya 'wife'
  n．lakaia 'move'   laakaia 'spread to dry'
  o．tamaia 'body hair'   taamaia 'butcher'
  p．lawaia 'get jealous' laawaia 'dry'
  q．kwakaia 'rub'   kwaakaia 'open'
  r．klakaia 'actions'   klaakaia 'please'
  s．sus 'shoes'   suus 'ring worm'
  t．tuskaia 'touch'   tuuskaia 'wash'

7．ハワイ語（Hawaiian）
7.1　意味対立
   a． kiki 'sting'
      kiki: 'flow slowly'
      ki:ki 'shoot'
   b． keke 'turnstone'
      keke: 'scolding'
      ke:ke 'distended'
   c． kaka 'rinse'
      kaka: 'quack'
      ka:ka 'strike'
   d． koko 'blood'
      koko: 'crow'
      ko:ko 'carrying net'
   e． kuku 'beat'
      kuku: 'thorn'
      ku:ku 'grandpa, grandma'
   f． kika 'slippery'
      kika: 'lowly'
      ki:ka 'strong'
   g． koki 'snub-nosed'
      koki: 'couch'
      ko:ki 'top most'
7.2　単数形・複数形
   a． wahine 'woman'
      wa:hine 'women'
   b． kahuna 'priest'
      ka:huna 'priests'
   c． kupuna 'grandparent'
      ku:puna 'grandparents'
   d． makua 'parent'
      ma:kua 'parents'

8．ツバル語（Tuvaluan）
8.1　意味対立
母音
   a． ki 'to'   ki: 'adjust'
   b． take 'cut coconut'   take: 'completely'
   c． se 'a, an'   se: 'not'
   d． ta 'beat'   ta: 'play'
   e． fatu 'stone'   fa:tu 'be close'
   f． po 'night'   po: 'clap hands'
   g． moto 'prawn'   mo:to 'motor'

    h. mu 'fish'   mu: 'few'

子音
    a. se 'a, an'   sse 'make mistakes'
    b. fatu 'stone'   ffatu 'compose'
    c. ta 'beat'   tta 'wash'
    d. po 'night'   ppo 'catch'
    e. moto 'prawn'   mmoto 'unripe'
    f. mu 'fish'   mmu 'silent'

8.2　文法的機能

単数形・複数形

母音
    a. tagata 'man'   ta:gata 'men'
    b. apo 'elegant' (sg.)   a:po 'elegant' (pl.)
    c. tapu: ' gain relief' (sg.) ta:pu: 'gain relief' (pl.)

子音
    a. faki: 'endure' (sg.) fakki: 'endure' (pl.)
    b. takato 'lie down' (sg.)   takkato 'lie down' (pl.)
    c. taka 'unmarried' (sg.) ttaka 'unmarried' (pl.)
    d. sulu 'dive' (sg.) ssulu 'dive' (pl.)

受動態
    a. lafa   'ringworm' lafa: 'be affected by ringworm'
    b. aka   'roots' aka: 'be heavily rooted'
    c. kaumana   'cloud' kaumana: 'be cloudy'

9．メレ語 (Mele)

9.1　意味対立

母音
    a. sisi 'snail' / si:si 'cut coconut'
    b. lekina 'have' / le:kina 'clear away'
    c. fe:fe 'read' / fe:fe: 'fan'
    d. ma:ra 'garden' / ma:ra: 'eel'
    e. tu 'we' / tu: 'stay'
    f. popo 'heart' / po:po 'sit on egg'
    g. susu 'breast' / su:su: 'dress'

子音
    a. mau 'plenty of food' / mmau 'find'
    b. ma:ra 'garden' / mmara 'sour'
    c. namu 'mosquito' / nnamu 'smell'
    d. pua 'back' / ppua 'deep'
    e. tao 'spear' / ttao 'count'
    f. tua 'outside' / ttua 'outermost part'
    g. sau 'dew' / ssau 'blow'
    h. sa:ia 'led by hand' / ssa:ia 'hit'

  i ．vi:sia 'lash' ／vvi:sia 'roll a rope'
9.2　文法的機能
母音
  a．jila 'steer'　／ji:la: 'steer a boat'
  b．siva 'bounce'　／si:va: 'bounce ~'
  c．soro 'cut with a saw'　／so:ro 'saw'
  d．jijika 'hopping'　／ji:jika 'hop'
子音
  a．fana 'bow'　／ffana 'shoot with a bow'
  b．mata 'eye'　／mmata 'watch'
  c．fikau 'messenger'　／fikkau 'give orders'

参考文献

Han, Mieko Shimizu (1962) The Feature of Duration in Japanese. *Onsei no Kenkyuu*, 10, 65-80.

Hovdhaugen, Even (1990) Phonetic Vowel Length in Samoan. In Davidson, Jeremy *Pacific Island Languages*: *Essays in honour of G. B. Milner*. 95-103. London: School of Oriental and African Studies.

亀井　孝・河野六郎・千野栄一（編）（1988）『言語学大辞典　第1巻　世界言語編　上　あ～こ』三省堂　(*The Sanseido Encyclopedia of Linguistics* Volume 1　Languages of the World, Part One).

亀井　孝・河野六郎・千野栄一（編）（1989）『言語学大辞典　第2巻　世界言語編　中　さ～に』三省堂　(*The Sanseido Encyclopedia of Linguistics* Volume 2 Languages of the World, Part Two).

亀井　孝・河野六郎・千野栄一（編）（1992a）『言語学大辞典　第3巻　世界言語編　下1　ぬ～ほ』三省堂　(*The Sanseido Encyclopedia of Linguistics* Volume 3 Languages of the World, Part Three).

亀井　孝・河野六郎・千野栄一（編）（1992b）『言語学大辞典　第4巻　世界言語編　下2　ま～ん』三省堂　(*The Sanseido Encyclopedia of Linguistics* Volume 4 Languages of the World, Part Three).

亀井　孝・河野六郎・千野栄一（編）（1993）『言語学大辞典　第5巻　補遺・言語名索引編』三省堂　(*The Sanseido Encyclopedia of Linguistics* Volume 5).

Kanzaki, Kazuo (1990) Amerikajin niyoru Nihongo Tokushuhaku no Hatsuon: Cho-on no Baai. *Proceedings of the Phonetic Society of Japan Annual Convention*, 115-121.

Katzner, Kenneth (1995) *The Languages of the World*. Oxford: Routledge.

Ladefoged, Peter and Ian Maddieson (1996) *The Sounds of World Languages*. Oxford: Blackwell.

Lehiste, Ilse (1970) *Suprasegmentals*. Massachusetts: The MIT Press.

Lynch, John (1998) *Pacific Languages*: *An Introduction*. Honolulu: University of Hawai'i Press.

Sato, Tsutomu (2004) *The Production and Perception of Japanese Identical Vowel Sequences and their Acoustic Characteristics in Connected Speech*. Ph.D. Thesis. University of London.

Sato, Tsutomu (2009a) The Pilot Study on Long Nasals in Kiribati. *The Journal of English and American Literature and Linguistics*, Meiji Gakuin University, 123, 143-150.

Sato, Tsutomu (2009b) Durational Contrasts in the World's Languages: Short and Long Vowel Oppositions in Kiribati. *The Journal of English and American Literature and Linguistics*, Meiji Gakuin University, 124, 153-165.

Sato, Tsutomu (2010a) Durational Ratios of Long Vowels against Short Vowels in Silozi. *The Journal of English and American Literature and Linguistics*, Meiji Gakuin University, 125, 15-24.

Sato, Tsutomu (2010b) Intransitive and Transitive Distinction Marked by Short and Long Vowels in Mongolian. *The Journal of English and American Literature and Linguistics*, Meiji Gakuin University, 125, 25-33.

佐藤　努（2010c）「長短母音継続時間の割合の6言語間にみられる比較」 The Comparison of Durational Ratios of Long and Short Vowels in Six Languages. 『第24回日本音声学会全国大会予稿集』37-42.

Sato, Tsutomu (2011a) The Derivative Markers by Long Vowels in Hindi. *The Journal of English and American Literature and Linguistics*, Meiji Gakuin University, 126, 67-78.

Sato, Tsutomu (2011b) The Acoustic Characteristics of Kiribati Long Nasals. *The Journal of English and American Literature and Linguistics*, Meiji Gakuin University, 126, 79-88.

Sato, Tsutomu (2012) Miskito – A Stress Language? *The Journal of English and American Literature and Linguistics*, Meiji Gakuin University, 127, 61-80.

佐藤　努（2013）世界の言語における長短母音の分布について 1 『英米文学・英語学論叢』 第128号　75-86 明治学院大学.

佐藤　努（2014）世界の言語における長短母音の分布について 2 『英米文学・英語学論叢』 第129号　99-111 明治学院大学.

佐藤　努（2015）世界の言語における長短母音の分布について 3 『英米文学・英語学論叢』 第130号　105-117 明治学院大学.

佐藤　努（2016）世界の言語における長短母音の分布について 4 『英米文学・英語学論叢』 第131号　41-53 明治学院大学.

Sato, Tsutomu (2017a) The Durational Ratio of Short and Long Vowels in Hawaiian: A Preliminary Investigation. *The Journal of English and American Literature and Linguistics*, Meiji Gakuin University, 132, 43-54.

Sato, Tsutomu (2017b) Mele – Another Case of Losing its Short and Long Segmental Duration Contrasts? *The Journal of English and American Literature and Linguistics*, Meiji Gakuin University, 132, 55-65.

Sato, Tsutomu (2017c) *The Durational Ratios of Short and Long Segments in Mele and their Linguistic Functions*. The 10th Conference On Oceanic Linguistics (COOL 10). Honiara, Solomon.

Sato, Tsutomu (2018) Grammatical Functions Performed by Short and Long Segments in Tuvaluan. *The Journal of English and American Literature and Linguistics*, Meiji Gakuin University, 133.

Sato, Yumiko (1998) *The Phonetic Reality of the Mora in Japanese: a Cross-Linguistic Study on Timing in Japanese, English, and Korean*. Doctoral Dissertation, the

University of Hawai'i.

資料

キリバス語
Trussell, Stephen http://www.trussel.com/kir/glossary.htm

シロジ語
O'Sullivan, Owen (1993) *English-Silozi Dictionary*. Lusaka: Zambia Educational Publishing House.
Silozi-English dictionary http://www.websters-online-dictionary.org/translation/Lozi/

モンゴル語
Otgonpurev, Baatar (2007) *Mongolian-Japanese Dictionary*. Tokyo: Kokusai Gogaku sha.
Tuvshintulga, T. S. (ed) (2004) *Mongolian-English Dictionary*. Ulaanbaatar: Y. Solongo.

ヒンディー語
McGregor, R. S. (ed) (2002) *Oxford Hindi-English Dictionary*. Oxford: Oxford University Press.

ミスキト語
http://www.ziplink.net/users/tgreen/msk4.html Miskitu – Ulwa – Spanish – English

ハワイ語
Pukui, Mary Kawena and Samuel H. Elbert (1986) *Hawaiian Dictionary: Hawaiian-English, English-Hawaiian*. Revised and Enlarged Edition. Honolulu: University of Hawai'i Press.

メレ語
Biggs, Bruce (1975) *A Mele-Fila Vocabulary. Te Reo Monographs*. Linguistics Society of New Zealand.
Clark, Ross (1998) *A Dictionary of the Mele Language (Atara Imere)*, Vanuatu. Pacific Linguistics. C-149. Research School of Pacific and Asian Studies. Canberra: The Australian National University.

ツバル語
Jackson, Geoff and Jenny (1999) *An Introduction to Tuvaluan*. Suva: Oceania Printers.
Jackson, Geffrey W. (2001) *Tuvaluan Dictionary: Tuvaluan-English, English-Tuvaluan*. Suva: Oceania Printers.

第8章
速度から見た英語音声

浅野恵子

1．はじめに

　この章では，日本人英語学習者が英語を聴き取る際に障壁となっている要因を，音声速度の観点から見ていくこととする．その際に音声速度変化による英語音声の特徴的変化と読解処理に要する速度について取り上げる．また，現在と約20年前の教科書音声準拠教材の発話速度を比較し検討する．さらに，英語教育における音声指導の側面から，日本英語学習者において，どのような音声速度の教材が提供されるべきか検証し，音声速度とは何かを考える．

2．英語の音声速度

2.1　日本人英語学習者の英語音声聴き取り

　英語のリスニングでは，とりわけその言語の音を聞き分け，音声の連続を意味のあるまとまりに分節する能力，さらに，異なる音環境で異音として表出したものを同一の音素として認識する音韻的分析能力も必要となる．これらを意識的あるいは無意識のうちに処理できる能力を習得する訓練が外国語のリスニング能力育成の根幹を成しうる．

　そのため，Underwood（1989）では，外国語教育の初期の段階から'authentic'あるいは'near-authentic'な音声教材を使用することの意義を強調している．多くの日本人英語学習者が英語に関してかなりの知識があったとしても，ネイティブスピーカーの英語を聴き取れないという経験を共有しているという現実は，音声指導に改善の余地があることを示唆しているものと考えられる．また，'non-authentic'な英語教材を使用することの弊害として，学習者が習得中の外国語の音声について誤った予測をしてコミュニケーションに挑んでしまうこと

が挙げられる．実際にコミュニケーションで耳にする音声を理解するためには学習段階で習得したことと別のさらなる技能の習得が必要となる点を指摘している．語彙数，構文の複雑さ，タスクの難易度は学習者のレベルに合わせて調整する必要が当然あるが，しばしば指摘されるように音声に関しては学習者の習熟度が進んでから自然な音声を聞かせるのではなく，学習の初期の段階から自然な音声にふれる機会を与えることがリスニング能力の育成に必要だとする意見もある．

音声知覚において，特に聴き取れないことの要因として，しばしば指摘される「音声速度」に焦点を当てて，まずは検討していく．

2.2 音声速度とは

音声速度とは通常，発話速度ともいわれる．日本人英語学習者は英語の聴き取りが困難だと感じる際に，学習者の多くは英語が速く聴こえることが原因だと主張する．では音声が「速い」とはどういうことを意味しているのであろうか．音声速度はそれが発話されている際の文間・文中ポーズの持続時間の影響も大きい（杉藤 1996）．発話とポーズ，文間ポーズと文中ポーズが相互作用していることが観測されている．これらのポーズの持続時間との関連と同様に，文中に含まれるポーズの頻度が速度に影響を与えるともいわれている．また，個人の発話スタイルが速いと感じさせることもあるし，聴いている内容が音声を速いと思わせることもある．話しはじめの速度，内容を強調したいときの速度，話の終結を予期させる際の速度の変化等，均一な速度を保ったまま話をするわけではなく，連続発話の起承転結も大きな速度変化の要素となっている．また，速度は話し手の感情とのかかわりも大きく，落ち着いているときと怒っているときまたは興奮しているときなど，同一話者によっても速さは変化する．

また，音声速度の変化により，弱形母音自体が別の母音へと変化したり，持続時間の減少等の音響的特徴の変化は，日本人英語学習者にとって，速いと感じさせる要因ともなっている．さらに，単一音素の音響的特性の変化にとどまらず，速度の変化は形態的，音韻的現象との関連性もあり，それは，音声速度が語境界の認識に影響を与えることにもなっている（Tokizaki 2008）．

日本語を母語とする英語学習者は，音声速度においても日本語を聴くときの戦略または内在速度で英語も聴きとっているのではないかとの指摘もある．さらには，読解処理に要する速度と聴き取りの際に使う速度との相関が，英語の

速度が速いと感じる要因を作り出していると示唆される．Roach（1998）は，言語間の音声速度に物理的な差があるとは限らないとも述べており，心理的聴覚印象が速さを決めているともいえる．感情の度合いによって発話速度が変化するともいわれている．日本人英語学習者も習熟度が進むと以前よりも英語が遅く聴こえてくるという学習による慣れも関係してくる．

Tauroza and Allison（1990）は，イギリス英語の平均発話速度は230～280 spm（syllables per minute）であると報告している．Griffith（1992）によると，初期の日本人英語学習者は200 wpm（word per minute）以上の速さの英語を速いと感じるという報告もある．飯村（2004）は音声速度の違いは，英語学習者のリスニング能力向上には変化をもたらさなかったが，指導を受ける前では速いと感じていた音声が指導後は遅く感じられるようになり，発話速度の感じ方に差を生じさせる効果があると報告をしている．柳沢ほか（2009）は授業における講師の発話速度と学生の理解度に関する研究の中で，授業速度とパーソナル・テンポ間に交互作用は見られなかったが，発話速度が遅い方が授業理解度は高く，また，話速とパーソナル・テンポが比例している場合の方が理解度が高いことが示唆されたと述べている．発話速度は言語習得時の発達段階を経て獲得してようやく13歳頃に成人と同じ発話速度へと到達するともいわれ，それは単に言語的発達要因だけでなく，認知的，構音運動的な影響も関連しているという研究もある（Nip and Green 2013）．

また，個別言語特有の音声速度が存在するかという点に関して，上田ほか（2017）は，個別言語の速度の違いはないと報告している．実際に，ある言語によって音声速度は異なるのか，それとも親しみのない，慣れていない言語は速く感じるという感覚的な事象なのかについて述べている．これらを念頭に置き，英語学習の初期の段階において，どのような速度の音声教材を提示していくことが適切であるかを検討する必要があるであろう．

2.3 音声速度測定

ここでまず，言語材料の読み手の音声がどのくらいの速さかを決定するに当たり，Pimsleur et al.（1977）の5段階音声速度分類表を見てみる．"Fast"から"Slow"まで毎分単語数と毎秒単語数で分類している．また，Carroll（1964）は音節で速度を換算している．Pimsleur et al.（1977）によると，英語が話されている平均的速度は，160～190 wpmであるとしている．スピーチなど意図的に

表8.1　Pimsleur *et al.*（1977）の5段階音声速度分類表

音声速度段階	毎分単語数 (wpm)	毎秒単語数 (wps)
Fast	220 or above	3.6 or above
Moderately Fast	190〜220	3.1〜3.6
Average	160〜190	2.6〜3.1
Moderately Slow	130〜160	2.1〜2.6
Slow	130 or below	2.1 or below

速度をコントロールしていると考えられるコンテクストでは，平均的会話の速度は遅くなる．例えば1993年度大統領就任演説の音声速度は約140 wpmで，これは Pimsleur *et al.*（1977）の区分では "Moderately Slow" の区分に入る速度で，かなりゆっくり話しているように聞こえるが，様々な言語を母語とする人々に訴えるには適した速度といえる．アメリカのニュースキャスターがニュースを読むスピード，例えばCNNのニュースレポートでは，個人差，または内容により開きがあるが，調査した範囲では，190〜220 wpmであった．

2.4　読解速度とは

音声速度の中に，発話速度以外に読解速度があるといわれている．英語母語話者は読解時に最適な読解速度を使用し，それが知覚における処理速度に関係しているといわれている．リーディングにおける処理過程が速度とも関連して存在する．Hirai（1999）は第二言語習得においても，日本人英語学習者の聴解速度と読解速度には相関があり，情報処理プロセスにおいて，両者で同じ部分を共有している可能性があると報告している．

リーディング力とは，読み手が，文字ならびに単語の認識・識別に着手し，語彙処理（lexical processing）からチャンキングなどにもとづく句単位の処理を経て，単文単位の統語構造などに関する文処理（sentence processing）・文理解に進み，談話処理（discourse processing）・談話理解を経て，文章処理（text processing）・文章理解や文脈処理（contextual processing）へと進んでいくリーディング過程（寺内ほか2004）を習得することであると考えられる．

2.5　読解処理速度計測

英語母語話者の場合，このリーディングの過程において，最適な読解速度を使用しており，さらにそれが知覚に関連しているといわれている（Carver 1990）．

表8.2 Gear Reading (Carver 1990) からの引用

段階	読みの種類	読んでいる際の処理内容
Gear 1	Scanning	Fact rehearsal
Gear 2	Skimming	Idea remembering
Gear 3	Rauding	Sentence integration
Gear 4	Learning	Semantic encoding
Gear 5	Memorizing	Lexical access

人は何かを「読む」際に，読み物の内容や目的によって速度を変えているといっており，5段階の読解処理速度を提示している．要求されている用途によって速度を無意識に変化させて読んでいる．

表8.2は読解に関する速度についてである．Gear1, 2のScanningとSkimmingは，速度を上げて読んでいる状態で，内容を理解するというより，全体の内容の概略を把握するために，焦点になる単語や句を拾いながら読んでいく段階である．Gear 3と比べると3，4倍の速さで読まれているともいわれている．Gear 4, 5のLearningとMemorizingは，読みながら内容を暗記するための速度である．内容を短期あるいは長期に保持するために，語彙や文を記憶する処理を伴っている．Gear 3のRaudingは"reading"（読解）と"auding"（聴解）の2語からなる合成語である．この速度は，一定の読解速度は読み物を読んだり聞いたりして完全に理解できる速度のことでもある．そして，読む人にとって最適な速度であることから，一度速度変化が起こっても，最終的にこの段階の速度に戻ってくるともいわれている．また，読解速度と聴取速度には高い相関があり，この2つの要素の処理過程は類似していると考えられている（Carver 1987）．

さらに，Carver（1990）において，米国人大学生のGear 3つまりRauding Rateは約300wpmであるといわれ，その速度は速度変化が起きても最終的にこの速度に戻ってくると報告している．また，同じ米国人大学生に聴取実験を行うと，読解処理速度と同じ速度が一番聴き取りやすいという結果が出ている．英語母語話者においても最初から米国人大学生と同じ処理速度が備わっているわけではなく，学習習熟度が上がるに伴い，読解処理速度も上がるといわれている．

図8.1のCarver（1997）では，初期の母語話者のリーディング上達までの過程モデルを提示している．読解能力が上達するにはそれぞれの段階において，発音や語彙の知識，また速度に対する認識等の熟達度をその段階にあった検証法で行っていくことを推奨している．また，英語母語話者を対象にしたこのリ

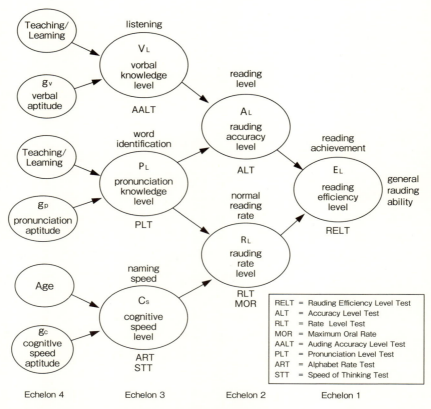

図8.1 リーディング能力到達におけるまでの過程モデル Carver (1997)（一部改変）

ーディング上達のためのモデルでは，各技能間で相乗的に効果があるわけではないとも述べている．初期の母語話者おいて，語彙の知識がリーディングよりもリスニングにより活かされるタイプⅠと，リスニングのときと同様にリーディングにおいて語彙の知識を保持して活かせるタイプⅡがいるという．タイプⅠは7,8学年になるまでリーディングのレベルがリスニングのレベルに追いついていないという報告もされている（Sticht and James 1984）．各タイプによってリーディング上達までの過程も異なっていくことが提示されている．

2.6　音声教材の音声速度

昨今，巷には多くの英語リスニング教材も手に入るようになり，インターネ

ットを通して様々な映像・音声コンテンツも手軽に持ち運べるようになっている．また，アプリ等では音声速度の倍速を簡単に変えられるものもあり，学習者の英語習熟度に合わせた速度を自分で設定し学習することも可能となってきた．各自手に入る多様な音声媒体とは別に，公的機関での英語教育を大半の日本人英語学習者が義務教育として受けてきているであろうという点から，現在の日本の英語教育においてコミュニケーションで必要とされるリスニング能力を検討する試みとして，現行と過去に使用されていた中学校で広く用いられている教科書準拠音声教材の音声速度を分析していく．上記の点に関しては，準拠教材以外の英語母語話者によって読まれた音声とも比較分析し，準拠教材の音声がどの程度実際のコミュニケーションで生じる音声的特徴を提示しているかを検証する．その際に約20年前と現行の学習指導要領と英語教育の関連をまずは検討する．

2.7 音声教育における学習指導要領

　学習指導要領の歴史は，1947年（昭和22）から告示されている．その後，中学校の指導要領では，1951年（昭和26），1958年（昭和33），1969年（昭和44），1977年（昭和52），1989年（平成元），1998年（平成10）の改訂を経て，2009年（平成21）に新しい学習指導要領が施行されることになっていた．1998年度あたりから，「実践的コミュニケーション能力育成」というように，「コミュニケーション」という言葉が使われてきた．また，高等学校の外国語教育（英語教育）において，2009年度から施行される新しい学習指導要領（文部科学省HPにおける2009年高等学校指導要領新旧対照表 p.207を参照）でも，「積極的なコミュニケーションを図ろうとする態度の育成」を再度目標に掲げていた．言語活動を効果的に行うために，従来も音声についての記述は見られたが，特に「速度」という単語も新たに内容に盛り込まれ，音声の重要性も強調していると推測できる．前学習指導要領からは，特にリスニングに関して「英語を聞くことに慣れ親しむ」ことを目標の１つにも挙げている．どのように「英語を聞くことに慣れ親しむ」ことが有効であり，大学までの英語教育の中で，どのようなカリキュラムで具体化すべきかが問われ続けているのが現状である．

　次に平成20年度中学学習指導要領（平成27年度の改訂）においては，「４技能を踏まえたコミュニケーション」を目標とし，音声活動にかかわる「聞くこと」，「話すこと」の個所においては「強勢，イントネーション，区切りなど基本的な

英語の音声の特徴をとらえ，正しく聞き取ること，正しく発音すること」，「自然な口調で話されたり読まれたりする英語を聞いて，情報を正確に聞き取ること」という内容が盛り込まれている．「正しく聞く・話す」，「自然な口調」とは何かなどについての，基準が明確ではないといえよう．今までの学習指導要領と決定的に異なる点，「今回の改訂では小学校に外国語活動が導入され，特に音声面を中心として外国語を用いたコミュニケーション能力の素地が育成されることになったことを踏まえる」と，小学校からの学習が活かされていることが前提となっている．

また，高校等学校学習指導要領解説の中では，「コミュニケーションを効果的に行なう」ために，「リズムやイントネーションなどの英語の音声的な特徴，話す速度，声の大きさなどに注意しながら聞いたり話したりすること」とあり，特に「話す速度」については，「その場の状況，聞き手の反応，話題，伝えようとする内容や気持ちなどに応じて，話すことができるように指導する．例えば，特に人前で話す場合には，聴衆が理解しやすいように，ゆっくりと明瞭に話すことが重要である．また，単に速く話すことが流暢さであるとの誤解があるが，コミュニケーションの流れを切らないように話すことが流暢さであり，速く話すこととは，必ずしも一致しないことにも留意する」と言及している（平成21年度高等学校学習指導要領解説外国語，p.13）．

2.8. 調査対象音声

中学で現在使用されている文部科学省検定済英語教科書（平成9年度版と平成27，28年度版）のうち代表的な教科書3種）に準拠する音声教材テープまたはCD[1]の第2学年用を分析調査の対象とした．第1学年では教科書で扱われている構文上の制約から機能語の一部や縮約を起こしうる音声環境の出現頻度が少なく，また第3学年用の題材に偏りがあるため，このような問題が少ない第2学年用を検討対象とした．

また，平成9年度版の準拠音声教材と同じ音声を読んだ英語母語話者の音声を比較し使用した．読み手は男性（30歳代前半，日本滞在歴4年）と女性（20歳代前半，日本滞在歴7年）のそれぞれ1名ずつである．両者とも米国東海岸

---

1) 開隆堂教科書完全準拠サンシャインリスニングテープ（1997年）およびCD（2016年）
　三省堂教科書完全準拠ニュークラウンヒアリングテープ（1997年）およびCD（2015年）
　アストロ出版東京書籍教科書完全準拠ニューホライズンガイドCD（1997年および2015年）

(Mid-Atlantic) の出身である．あらかじめ目を通した資料を日常的な自然な調子で読むように依頼し，その音声を録音したものを分析した．

学習者に課せられるタスクや音声教材の目的と教材の特徴の関連性を見るために，各教科書が扱う題材 (a) リスニング問題，(b) 会話文，(c) 読み物に分類して以下の観点から，準拠音声教材で読まれている英語と同じ内容のものを読んだ英語母語話者の音声速度との比較を行った．平成9年度版から約20年弱経た後の準拠音声教材の速度はどのように変化したかを検討する．

2.9　速度比較

発話の速度はリスニング能力との関連では，単に「速さ」の問題ではなく，音調句（intonation phrase）の大きさや，音韻過程を経て，個音の音声的な現実にも影響を与える重要な要素となりうる．教科書準拠音声教材で読まれている英語の速度は実際のコミュニケーションで話されている英語の平均的な音声速度と比べてどの程度の速さなのかを具体的に述べていく．Pimsleur *et al.*（1977）によると，英語で話す平均速度は，160～190 wpm であるとしている．アメリカのニュースキャスターがニュースを読むスピード，例えばCNNのニュースレポートでは，個人差，または内容により開きがあるが，調査した範囲では，190～220 wpm であった．

各教科書準拠音声の題材別スピードが表8.3にまとめられている．母語話者の欄の数値は，準拠音声教材と同じ内容を英語母語話者の2名が日常的に自然な速度で読んだ際の数値となっている．準拠教材に関しては，なるべく読み手や男女の偏りが生じないようにするために，各題材から2か所ずつ選択した．その際になるべく教科書の最初と最後の方から選び，計測した値は2か所の平均値を示している．1997年度版の New Crown にはリスニング教材がなかったため，計測はできなかった．よって，協力者ネイティブの音声も録音していない．

まずは，1997年の音声教材と協力者ネイティブの音声速度を見てみる．

Sunshine English Course 2の準拠音声教材（以下 SS）は平均速度がリスニング問題，会話文，読み物すべての題材において120 wpm 台で Pimsleur *et al.* の区分では，"Slow" に入り，先に挙げた大統領の就任演説と比べても遅い．New Crown English Series 2（以下 CR）と，New Horizon English Course 2（以下 NH）では会話文が他の題材のスピードに比べてやや速くなっているが，それでも140 wpm 台で，Pimsleur *et al.* の区分の "average" には達していない．

表8.3 準拠音声教材と読み手の母語者による題材別音声速度（word per minute）

教科書		リスニング教材	会話文	読み物
Sunshine 1997年	音声教材	120	125	126
	母語話者	183	173	186
2016年	音声教材	127	132	142
New Crown 1997年	音声教材	──	147	122
	母語話者	──	208	160
2015年	音声教材	107	94	123
New Horizon 1997年	音声教材	123	146	120
	母語話者	205	160	202
2015年	音声教材	119	130	115

　準拠音声教材ではリスニング問題の音声速度が120 wpm 台だが，例えば，現在進行形など中学2年レベルの文法項目を扱った市販の英語音声教材の1つである *Get Real, Elementary*（MACMILLAN Language House）のリスニング問題の速度である142 wpm と比較するとやや遅いものとなっている．

　同じ教科書を読んだ英語母語話者の音声速度は Pimsleur *et al.*（1977）の分類では，"average" から "moderately fast" となり，いずれの題材においても準拠音声教材のスピードよりも速いものとなっている．準拠音声教材とそれに対応した母語話者の読みの速度と比較すると，NH の会話文における差異が最も小さく（1分当たり14語），それ以外は1分当たり38語から最大82語の違いがある．

　次に2015，16年度の音声教材を検討してみる．約二十年の時を経て，音声教材の速度は SS 以外，ほぼすべての題材で遅くなっていることがわかる．NC の会話文題材においては，53 wpm も遅くなっている．確かに，速い音声を聞くことだけが英語への効果をもたらすわけではない．しかしながら，最新の学習指導要領で掲げてある，「自然な口調」，「英語の音声の特徴」は学習する際に母語話者とかけ離れた音声速度を聞くことには弊害があると思われる．

　以上の調査結果から，準拠音声教材の速度はリスニング問題，会話文，読み物のいずれの題材においても平均的な自然な発話の速度と比べかなり遅いものであることがわかる．音声速度を計測する際に単語の音節の長さ，ポーズ等，音響的持続時間も検討していく必要があるであろう．

表8.4 機能語および縮約形の強形と弱形　石原(2000)

		強　形	弱　形			強　形	弱　形
be動詞	be	[biː]	[bi]	接続詞	and	[ænd]	[ənd] [ən]
	am	[æm]	[əm] [m]				[ɑn] [n]
	are	[ɑːʳ]	[ɑʳ] [əʳ]		but	[bʌt]	[bət]
	is	[iz]	[z] [s]		that	[ðæt]	[ðət] [ðt]
	were	[wəːʳ]	[wəʳ] [wə]	代名詞	my	[mai]	[məi] [mə]
助動詞	do	[duː]	[du] [də] [d]		me	[miː]	[mi]
	can	[kæn]	[kən] [kn]		you	[juː]	[ju] [jə]
	could	[kud]	[kəd] [kd]		your	[jɔːʳ]	[jəʳ]
	will	[wil]	[wəl] [əl] [l]		he	[hiː]	[hi] [iː] [i]
	would	[wud]	[wəd] [əd] [d]		his	[hiz]	[iz]
	must	[mʌst]	[məst] [məs]		him	[him]	[im]
	should	[ʃud]	[ʃəd] [ʃd]		her	[həːʳ]	[hə] [əːʳ] [ə]
	have	[hæv]	[həv] [əv] [v]		they	[ðei]	[ðe] [ði]
	has	[hæz]	[həz] [əz] [z]		them	[ðem]	[ðəm] [ðm] [əm]
	had	[hæd]	[hə] [əd] [d]	前置詞	of	[ɑv]	[əv] [v] [ə]
冠詞	a	[ei]	[ə]		for	[fɔːʳ]	[fəʳ] [fə]
	an	[æn]	[ən]		to	[tuː]	[tu] [tə]
	the	[ðiː]	[ði] [ðə]		from	[frɑm]	[frəm]

3．準拠教材と母語話者の音声比較

3.1 機能語

　最初に，音声変化が起こりやすい機能語について述べる．上記の表8.4に挙げたように機能語と縮約形は音声速度の変化により大きく影響を受ける語となっている．機能語の発音には強形と弱形がある．通常単語レベルで機能語を最初に学習する際には，強形の発音で教えられる場合が多く，その後，弱形はさることながら，弱形からその音自体の削除への課程を学習することはあまりない．弱形化の段階としてまずはアクセントのある母音があいまい母音へと変化するか，もしくは子音が変化および脱落する．次にあいまい母音が脱落する．機能語は発話速度の変化と語彙の位置等により，変化の過程は異なる．また，主語と助動詞の'We'll'あるいは主語とBe動詞の'he's'等の縮約形や'going to'，'want to'の縮約形に関してもあえて積極的に発音を習得させることはないが，縮約形で発話されているのを聴くことが通常であることも知識として習得させるべきであろう．

　ここでは，上記の音声変化が実際に生じているかを1997年版教科書準拠音声

教材の音声と同様の内容を読んだ母語話者の発音と機能語の縮約形の使用に関して比較する．SS, CR, NH の各準拠音声教材から，リスニング問題（CR は除いて），会話，読み物の題材を 1 ～ 2 項目ずつ選び，教科書の同じ部分を母語話者に日常的な自然な調子で読むように依頼し録音した音声資料を準拠音声教材の対応する箇所の音声と比較した．

　表8.5には代表的な機能語が準拠音声教材で強形あるいは弱形でどの程度の頻度／割合で発音されているかがまとめられている．表に含まれる機能語は，典型的に弱形で発音されうる環境にあるもののみに限定されており，文強勢がおかれているものや通常強形で発音される句（文）末の前置詞，助動詞，また文頭の二人称代名詞，he, him, his, her は除外されている．表では各準拠音声教材の題材ごとに（L＝リスニング問題，C＝会話，N＝読み物）を，聴覚印象分析によりそれぞれの機能語について，強形／弱形（語によっては複数の弱形の発音形式を含む）のそれぞれの発音形式の出現回数が整数で記されている．ただし，CR に関しては一般に入手可能な準拠音声教材中にはリスニング問題部分が収録されていないため，調査からは除外され，New Crown の L の項目は割愛されている．出現回数を示す数値の横のカッコ内に記されたパーセンテージは，各教材のそれぞれの題材中に，各機能語がどのような割合でそれぞれの音声形式で出現しているかを示している．これにより，各準拠音声教材における機能語の発音の傾向を題材別に比較することができる．

　準拠音声教材全体の機能語の発音を検討した中で，不定詞の to を除くすべての機能語はほとんどの場合，弱形の中でも比較的強い形式で発音されていることが示された．準拠音声教材の中で協力者ネイティブの発音との比較のために選択した箇所に出現する機能語の発音に関しても同様の傾向があることが表の「音声教材」の列の数値からわかる．これと比較して「協力者ネイティブ」の列の数値を見てみると，多くの機能語に関してさらに弱い音形の割合が多くなっていることがわかる．例を挙げると，代名詞 his は母語話者の発音では，教材ではほとんど見られなかった語頭の [h] が脱落した [ɪz] の方が多くなっている（SS）．また，代名詞 them も母音が脱落した [əm] の割合が母語話者の発音では多くを占めている．助動詞 do の母音があいまい母音に弱音化した [də] の発音や助動詞 will の母音が脱落した [wɪ] の発音も教材に比べ母語話者の発音では割合が多くなっている．また，準拠音声教材にはまったく出現しなかった助動詞 can の弱形で母音が脱落した [kn] も協力者ネイティブの発音に

表8.5 準拠音声教材と母語話者の発音比較—機能語

		Sunshine		New Crown		New Horizon	
		音声教材	協力者ネイティブ	音声教材	協力者ネイティブ	音声教材	協力者ネイティブ
'to' (prep)	[tu]	0	1 (3%)	0	0	0	0
	[tʊ]	18 (18.8%)	6 (27.3%)	4 (100%)	1 (25%)	4 (40%)	1 (10%)
	[tə]	4 (18.2%)	16 (72.7%)	0	3 (75%)	6 (60%)	9 (90%)
'to' (inf)	[tu]	0	0	0	0	0	0
	[tʊ]	0	0	4 (57.1%)	0	1 (12.5%)	0
	[tə]	15 (100%)	15 (100%)	3 (42.9%)	7 (100%)	7 (87.5%)	8 (100%)
'for'	[fɔr]	0	0	0	0	0	0
	[fər]	4 (50%)	4 (50%)	4 (80%)	3 (60%)	9 (90%)	7 (70%)
	[fr]	4 (50%)	4 (50%)	1 (20%)	2 (40%)	1 (10%)	3 (30%)
'of'	[ɑv]	0	0	0	0	0	0
	[əv]	7 (100%)	7 (100%)	5 (83.3%)	4 (66.7%)	3 (60%)	2 (40%)
	[ə]	0	0	1 (16.7%)	2 (33.3%)	2 (40%)	3 (60%)
'he'	[fi]	1 (50%)	0	0	0	0	0
	[hr]	1 (50%)	1 (50%)	0	0	0	0
	[ɪ]	0	1 (50%)	0	0	0	0
'him(self)'	[hɪm]	6 (100%)	4 (66.7%)	0	0	1 (100%)	1 (100%)
	[ɪm]	0	2 (33.3%)	0	0	0	0
'her(self)'	[hər]	10 (100%)	10 (100%)	1 (100%)	1 (100%)	4 (100%)	4 (100%)
	[ər]	0	0	0	0	0	0
'his'	[hɪz]	7 (100%)	3 (42.9%)	0	0	0	0
	[ɪz]	0	4 (57.1%)	0	0	1 (100%)	1 (100%)
'them'	[ðɛm]	1 (16.7%)	1 (16.7%)	1 (50%)	0	0	0
	[ðəm]	1 (66.7%)	1 (16.7%)	1 (50%)	0	1 (50%)	1 (50%)
	[ðm]	1 (16.7%)	4 (66.7%)	0	2 (100%)	1 (50%)	1 (50%)
'you'	[ju]	14 (63.6%)	6 (27.3%)	4 (80%)	1 (20%)	0	0
	[jʊ]	8 (36.4%)	15 (68.2%)	1 (20%)	3 (60%)	5 (83.3%)	5 (83.3%)
	[jə]	0	1 (4.5%)	0	1 (20%)	1 (16.7%)	1 (16.7%)
'can'	[kæn]	0	0	0	0	0	0
	[kən]	2 (100%)	2 (100%)	4 (100%)	4 (100%)	5 (100%)	4 (80%)
	[kn̩]	0	0	0	0	0	1 (20%)
'do'	[du]	0	0	0	0	0	0
	[dʊ]	4 (100%)	0	2 (100%)	1 (50%)	0	0
	[də]	0	4 (100%)	0	1 (50%)	1 (100%)	0
	[d]	0	0	0	0	0	1 (100%)
'will'	[wɪl]	0	0	1 (16.7%)	0	1 (11.1%)	0
	[wəl]	0	0	4 (66.7%)	3 (50%)	2 (22.2%)	0
	[wl]	0	0	0	2 (33.3%)	2 (22.2%)	4 (44.4%)
	[I]	0	0	0	0	0	1 (11.1%)
	[I]	0	0	1 (16.7%)	1 (16.7%)	4 (44.4%)	4 (44.4%)
'and'	[ænd]	0	0	0	0	0	0
	[ənd]	6 (25%)	1 (4.3%)	2 (50%)	1 (25%)	5 (50%)	0
	[ən]	18 (75%)	19 (82.6%)	2 (50%)	3 (75%)	5 (50%)	10 (100%)
	[n̩]	0	3 (13%)	0	0	0	0

は認められた．

代名詞 her は表に現れている限り弱音化に関して準拠音声教材と母語話者の発音に違いは認められないが，その他の機能語に関しては，準拠音声教材では自然な発話に比べ，弱音化が起きていない場合が多いといえよう．

1997年度版の3種類の検定済中学英語教科書に準拠する音声教材を，音声速度，機能語の発音，縮約に関して，どの程度自然な英語の発話の特徴を表しているかを母語話者の発話と比較しながら検討した．機能語の発音に関しては，典型的に弱形で発音される環境においては各準拠音声教材中でもほとんどの場合弱形で発音されている．しかし，弱形の中でも比較的強い弱形が多い．また，自然な発話においては通常強形で発音されないと考えられる環境でも準拠音声教材中ではしばしば強形で発音されている語もあった．題材の種類，また語により若干の偏りは見られるものの，準拠音声教材中の弱形の出現傾向は母語話者の発音のそれと比べても異なり，弱音化の程度が総じて少ないものであった．

3.2 あいまい母音

次に，準拠教材中であいまい母音である弱形の /ə/ が語中において脱落しているかどうかを英語母語話者の発話と比較して検討する．

/ə/ の脱落はその結果生じる子音連結が英語の子音連結の制約にかなったものであるかどうかによって適用の可否が左右される．この点を考慮して，テキストからあいまい母音 /ə/ が脱落する環境にあると考えられる単語を抜き出し，準拠音声教材と母語話者の発音を音声分析した結果を表8.6にまとめた．音声分析の際にはターゲットとなる母音の音声波形を表出し，母音としての波形の形状，持続時間，音声的特徴から判断した．前後の音声環境の影響を受けやすい母音のため，上記の分析方法以外に，サウンドスペクトログラムの第一，第二フォルマント周波数を計測し，音圧との観点からLPC分析も手掛かりとして使用した．サンプリング周波数は10000 kHzとし，母音分析を主目的としている数値として妥当だと思われる（今川・桐谷 2001）．

表8.6中の「×」は音声波形，母音的音声ともにあいまい母音として [ə] の計測は不可能であったことを示している．数値は波形の持続時間を msec で表している．また，×n→n とあるのは /ə/ が脱落しさらに後続の鼻音が成節子音化していることを意味している．

表中の単語の準拠音声教材と母語話者の発音を全体的に比較，検討すると，

表8.6 音声教材と母語話者の発音の比較― /ə/ の脱落 (msec)

		協力者ネイティブ	準 拠 教 材
NH	surprised	×	70
	elephant	×	60
	environmental	×	×
CR	natural	×	×
	natural	×	×
	important	× n→ṇ	× n→ṇ
	necessary	40	38
	communicate	×	28
	communication	×	30
	Chaplin's	×	× n→ṇ
	communicate	×	36
	different	× / × n→ṇ	× / × n→ṇ
SS	accident	×	×
	surprise	26	40
	tomorrow	×	26
	telegram	×	30
	tonight	×	80
	family	×	50
	America	×	30
	Americans	×	30
	surprised	20	37

母語話者の発話においては大多数のあいまい母音 /ə/ が脱落していることが観測される．脱落が起こりうる環境において，準拠音声教材内では22件のうち /ə/ が脱落しているのは8件であるのに対し，母語話者では同じく22件中19件と，大半が脱落を起こしていた．例えば 'communication' の発音では準拠教材の発音では [ə] が30 msec あるのに対し，母語話者の発音では [ə] は計測されない．準拠教材と母語話者の発音の双方において [ə] が計測不可能で脱落が生じている単語は，'natural' (CR)，'different'，'accident'，'environmental' である．これらの単語の準拠教材と母語話者の発音に共通した音声特徴は以下のようになっている．CR に2回出現する 'natural' の /ə/ はそれぞれの出現において先行子音の破擦音である [tʃə] と後続子音の流音の [r] という音声環境の影響を受けていると考えられる．'different' は語中に /ə/ が二度，出現するが，両方とも脱落しており，特に後者の /ə/ は脱落し，後続の鼻音の成節音化を伴っている．準拠音声教材と母語話者の発音の双方で鼻音の成節音化を伴う単語に 'important' もあげられる．'environmental' に関しては /ə/ の脱落以外の点で準

拠教材と母語話者の発音に相違点が見られる．準拠教材では [t] について「口腔内圧が高まり，これが，一気に爆発的な音（バースト）が生じ，スペクトログラム上では，ごく短時間であるが，全帯域にわたるスパイクとして現われる」(Borden 1984) に合致する現象が観測された．これに対し，母語話者の音声スペクトログラムには [t] に特徴的なスパイクは見られず，すなわち /t/ も脱落している．さらに，語末の /l/ が成節音化していることが確認され，[ɪnvaɪrənmənl] のように発音されている．母語話者の音声において [ə] の持続時間が計測された単語，'necessary', 'surprise', 'surprised' に共通する特徴は，[ə] が歯茎摩擦音 [s] に後続する環境に現われていることである．これらの単語において [ə] はそれぞれ20〜40 msecの持続時間が計測された．

3種類ある準拠音声教材間の相違についてはNHでは [ə] が平均65 msecと比較的長めに発話されていることが観測される．CR, SSについては，ほぼ30 msec平均の持続時間である．準拠音声教材においては [ə] は，30〜40 msec代を中心に大半が計測可能で，脱落は起こしていない．本来備わっている基本的な母音の持続時間と比べて（Umeda 1975），長いものも観測された．前節で取り上げた発話のスピードの比較からもわかるように，発話速度の影響はあいまい母音の音素レベルの持続時間にまでおよんでいることがうかがえる．発話速度とあいまい母音の脱落との相対性の問題で，どの程度の速度になると脱落が生じはじめるのかは不明であるが，今後様々な発話速度との関連を計測してみる課題が残されている．

4．英語の音声の特徴と発話速度

中学および高等学校学習指導要領に言及されている，「自然な口調」，「英語の音声の特徴」とは何であろうか．発話速度変化に伴い変化するといわれている，音声の特徴について見ていくことにする．実際のコミュニケーション時に生じる音声的特徴は，リスニング能力を育成すると同時に発音方法の習得にも関連があるといわれている．連続発話中に起こる，日本人にとって，聴き取り困難と思われる音声変化が同時に発音困難な音でもあるといえよう．

Kaisse (1985) では，統語的あるいは形態的な環境にかかわらず，主に発話の速度によって適用が影響される音韻規則である 'fast speech rules' について述べている．Kaisseの定義では 'fast speech rules' といっても非常に速度の速い発

話に限った現象ではなく，スムースな発音（ease of articulation）のために通常の発話速度，あるいはそれ以上の発話速度に起こる現象だとしている．前節で調査したように，準拠音声教材の速度は平均的な英語の発話速度と比べると遅いものであるが，このような発話速度に影響される 'fast speech rules' の適用に関しても，それらの項目には，機能語，縮約，さらに代表的な音声変化として，語中のあいまい母音の弱形化および削除（schwa weakening and deletion），/t/ の弾音化（t-flapping），語境界を介した口蓋音化（palatalization），連結の n（linking n），連結の r（linking r）等が挙げられるであろう．ここでは先に述べた英語の音声変化の特徴について見ていく．

4.1　あいまい母音の弱形化および削除（schwa weakening and deletion）

　あいまい母音と呼ばれる schwa は弱形の /ə/ は，語頭，語中において脱落が生じるともいわれている（Kaisse 1985）．/ə/ の弱形化，脱落はその結果生じる子音連結が英語の子音連結の制約にかなったものであるかどうかによって適用の可否が左右される．日本語の音韻体系に存在しない弱形の母音である /ə/ は，舌を上げることも下げることもせず，中舌（mid-central）の位置で発音される．アクセントのない音節はすべてこの弱母音になる．弱音節にだけ現れる母音であるために，短く弱く発音しようと調音点を意識すると，ストレスが置かれる母音の /ʌ/ の音へと変化してしまう恐れがある．発音の際にこの弱形の母音には意識を置かず，前後に隣接するストレスのある母音を強調して発音することで調整をつける．また，子音連続（consonant cluster）[2] を起こしやすい子音がこの母音の前後にある場合は，連結した子音同士を意識し発音することで，弱母音が自然な発音となり，弱化もしくは脱落した音へと変化する．つづり字上では，a だけでなく，いろいろな文字が /ə/ で発音される．つづり字が，i, u では，/i/, /u/ に近い音になることもあることから，最初から [ɪ] と表記されていることもある[3]．

　次に，あいまい母音が出現する頻度と特定の子音環境を観察する．図8.2は，データベースにより，あいまい母音が現れる相対数を示したものである Ladefoged

---

[2] 同節音節内での子音の連続体のことをいう．英語の音節構造上，子音連結が多いのが特徴でもあり，語頭では3つ，語末では4つ子音が連続する．すべての子音が別の子音と自由に結びつくわけではなく，ある一定の制限の中で，結合が生じる（Yasui 1962）．
[3] 川越（2001）による．

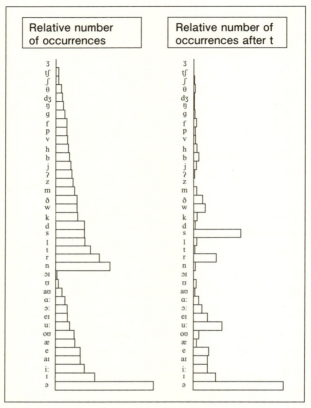

図8.2　あいまい母音が現れる相対数　Ladefoged (2001)

(2001)．図8.2の左側はアメリカ人成人話者の会話で話された単語から約5万個の音を音声記号で表わし，子音と母音ごとに並べたものである．この表からあいまい母音の出現する割合は圧倒的であり，速度のある会話ではストレスのある母音以外は，ほかの母音も持続時間が減少してあいまい母音の音響特徴を持った母音として発音されていると予測される．図8.2の右側は同じ5万個のうち，[t] の後に出現する音を調べたものである．あいまい母音とほかの子音の関係をこの図から推測することはできないが，特定の子音環境に出現することを把握することで，さらなるあいまい母音の特徴を検討する要因にもなるであろう．

　また，本来備わっている基本的な母音の持続時間があり（Umeda 1975），発話速度のかなり遅い場合，あいまい母音の音素レベルの持続時間にまで影響が

およんでくるだろう．

4.2 /t/ の弾音化（t-flapping）

　Kaisse（1985）では2母音間の両音節的（ambisyllabic)[4]/t/が，有声音化（加えておそらくは響音化（sonorantize））する現象を弾音化と呼び，統語環境に影響されず語境界を越えて適用する 'fast speech rule' であることが示されている．いずれの準拠教材においても可能な環境内で多くの弾音化が起こっていた．弾音化されている例の中で 'Vt ♯ V' の欄に含まれるのは通常の弾音化の環境である2母音間にある語末の /t/ を指している．

　日本語表記と音声の関係に寄与した言語を母語とする日本人英語学習者は，英語の文字も書かれたとおりに読もうとするので，/t/ と書かれた文字は，前後の音環境に関係なく常にどのような場合でも [t] と発音する傾向にある[5]．音声が文字支配の影響を強く受けている点から，音素に対する異音が捉えられない場合が多く見られる．前後に母音が来たときには，母音が有声音という音声特徴の影響から，通常無声音である [t] も有声音[6]に変化して，音自体も [d] に近い音になることを言及する必要がある．[t] のように舌先で上歯茎を素早く1回はじいて生じる音のことであるが，必ずしも有声音化した発音を強制することではなく，この音が変化する原因の音環境を説明するべきである．

4.3　口蓋音化（palatalization）

　口蓋音化とは語末の歯茎音 /t, d, s, z, n/ が後続子音の /j/ の影響で変化する現象である．口蓋音化は後続語の強勢の有無にかかわらず起こる現象で，また，口蓋音化を引き起こすのは代名詞の you, your, yours, yourself の [j] による場合がほとんどであり，口蓋音化の現象は引きがねになる単語の使用頻度にも関わることが指摘されている（Rotenberg 1978）．Kaisse は使用頻度が低い単語

---

4) 両音節的子音は1つの子音が同時に2つの音節に属し，一方の音節の coda に，そしてもう一方の音節の onset と分析されるものを意味する．（cf. Kahn 1978）しかし，Sato（1992）では I'll see you [D]omorrow.（→tomorrow）のように2母音間の語頭の /t/ が弾音化する例が記載されている．
5) 単語のはじめに現れる帯気性の [t]，母音間の有音の [t]，語末の閉鎖音としての [t]，子音連結の際の [t] 等が挙げられる．
6) [t] が有音化する環境は以下のとおりである．1) 母音と母音の間，2) 成節子音の [l] の前 3) 非成節子音 [l] と弱強勢母音の間，4) [n] と弱強勢母音の間

はゆっくりと発音されるために音変化を引き起こしにくいのではないかと指摘している。準拠音声教材中でyou/your以外に口蓋音化を引き起こした単語はunique（CR1997）のみであった．Kaisse（1985）では口蓋音化がほとんどの場合代名詞youを含む環境で起こることから，純粋な音韻規則ではなく，統語的な環境に影響される規則である可能性も指摘されている．口蓋音化は発音の指導のための項目をもうけている準拠教材もあり，いずれの準拠音声教材でも口蓋音化の例が含まれている．しかし，自然な発話においては口蓋化が起こり得る環境であっても，教材中では音変化を起こさないように意識して読まれているようにも思われる例も若干認められる．

　この口蓋音は音を発生する際に，主な調音以外に副次的にほかの音調が重なり合う場合に生じる現象であり，同時調音（coarticulation），副次調音（secondary articulation）に属する[7]．具体的には，歯茎音 [t, d, s, z] の後に硬口蓋音の [j] が後続することで，この半母音の硬口蓋音に同化しようとするために歯茎音の前舌の調音位置が上昇し，硬口蓋の方へとずれて，無声音では [tʃ, ʃ]，また有声音では [dʒ, ʒ] に変化する．英語の口蓋化は語の内部でも，語境界をはさんだ音環境でも発生する．日本人英語学習は英文を理解するときに，文法の意味境界が内容のまとまりを理解するための単位と捉えているので，実際に発音をする際にも同じように文法の意味境界を基準にして発音してしまいがちになる．例えば 'I guess you are wrong.' の文は文法の意味境界では，I guess + you are wrong. になる．しかし，通常発音される場合には文法的境界よりも音声的連続性が優位となり，I + guess you are + wrong. と guess you の音声連続が [s + j] ではなく [ʃ] になり，口蓋化が生じる．発音指導の際に，母音，子音の音素レベルの指導とは違い，特徴のある音声変化については，文法的句境界と音声的連続性の相違も考慮に入れるべきであろう．

4.4　連結の n，連結の r　(linking n, linking r)

　「連結の n」は単語の語尾にある n と次に母音ではじまる語がくる場合の間にもう一度 [n] を入れる音のつながりのことをいう．「連結の r」は語末の [r] 以外にもう一度 [r] を入れて次の母音とつなげる音のことを示している．もとも

---

[7] 副次調音には主に以下の4種類があるといわれている．1) 円唇化（Labialization），2) 硬口蓋化（Palatalization），3) 軟口蓋化（Velarization）4) 咽頭化（Pharyngalization）

と語末にrの綴りがないにもかかわらず後が母音ではじまると，[r]を挿入して発音することもある．前の語が母音でおわり，次の語のはじまりが母音のときにも[r]を挿入する場合は「介入のr」(intrusive 'r') と呼び連結と分けている場合も多い（佐藤・佐藤 1997）．また，単語の語末の母音の次にまた母音ではじまる単語の場合には母音の連続を避けるために[r]を介入させるのではなく，半母音[w]や[j]を介入させて音を連結させることも多い．

① car of, here are, favor of, far as, wonder if, after all 「介入のr」
② than I, turn off, in an hour, clean up, None of, 「介入のn」
③ idea of, go and see it, we all, try and do it, 「半母音の介入」

5．まとめ

本章では，日本英語学習者の初期の学習段階において，どのような音声教材が提示されているかを，音声速度に関して1997年度音声準拠教材と2015, 2016年度版を比較・検討した．その際にどの程度自然な発話速度を提示できているかを観測するために，1997度版と同じ内容を母語話者が読んだ発話と比較しながら検討した．その結果，音声教材の発話速度は平均的な自然な英語の発話と比べてかなり遅いものであり，内容や発話形式によって変化するといわれる発話の速度についても，題材別に工夫が見られるものはほとんどなかった．さらに約20年後の音声教材と比較した際にも音声速度は遅くなっている準拠教材が多かった．自然な発話速度から生成される音声的特徴を学習するにはあまりにも遅い速度となっている．

一口に「音声速度」といっても発話する際の音声速度なのか，聞き取るときの音声速度なのか，もしくは読解のために学習者自身が持ち備えている音声速度なのか，学習過程では区別して考える必要がある．また，この点と関連して，題材（読み物，会話文，リスニング問題）別に音声速度をある程度意識的に変化させた題材を提供するべきではないだろうか．母語音声速度習得についての研究はあまり多くないが，母語話者における母語の音声速度が獲得されるのは，言語習得時の発達段階を経て獲得してようやく13歳頃に成人と同じ発話速度へと到達するともいわれ，それは単に言語的発達要因だけでなく，認知的，構音運動的な影響も関連しているとの報告もあり（Nip and Green 2013），初期の段階から外国語を習得させる際には，母語習得時の音声速度習得との関連も考

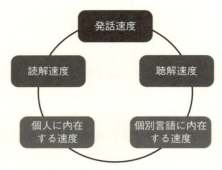

図8.3　速度の相互関連性について

慮にいれて学習させる必要があろう．また，個人特有のテンポを指すパーソナル・テンポという言葉が存在するように，発話速度（speech rate），間（pause），その他歩行などの諸々の動作もすべてこのパーソナル・テンポから表出されるものであるとし，すなわちせっかちな人は喋るのも歩くのも速く，のんびりな人はその逆であることを意味する（前新 2002）．

上記をまとめると，図8.3に示すように発話速度は言語的要因だけでなく，様々な「速度」といわれる概念の一要素であるといえよう．しかしそれらは独立した項目ではなく，相互に影響し合っている．

参考文献
Carroll, J. B. (1964) *Language and Thought*. New York: Prentice-Hall.
Carver, R.P. (1987a) *Reading Comprehension and Rauding Theory*. Kansas City, MO: Revrac Publications, Inc.
Carver, R.P. (1987b) *The Accuracy Level Test*. Kansas City, MO: Revrac Pub.
Carver, R.P. (1990) Reading Rate: *A Review of Research and Theory*. New York: Academic Press.
Carver, R.P. (1997) Reading for One Second, One Minute, or One Year from the Perspective of Rauding Theory. *Scientific Studies in Reading*, 1(1), 3-43.
Christophe, Anne, Gout, Ariel, Peperkamp, Sharon and James Morgan (2003) Discovering Words in the Continuous Speech Stream: the Role of Prosody, *Journal of Phonetics, Volume 31, Issues 3-4, July-October*, 585-598.
Griffith, R.T. (1990) Speech Rate and NNS Comprehension: A Preliminary Study in Time-benefit Analysis. *Language Learning*, 40, 311-336.
Griffith, R.T. (1992) Speech Rate and Listening Comprehension: Further Evidence of the Relationship. *TESOL Quarterly*, 26, 385-390.
Hirai, A. (1999) The Relationship between Listening and Reading Rates of Japanese EFL

Learners. *Modern Language Journal*, 83, 367-384.
Ignatius, S. B. Nip and Jordan R. Green (2013) Increases in Cognitive and Linguistic Processing Primarily Account for Increases in Speaking Rate with Age Child Dev. 2013 Jul; 84(4): 1324-1337.
飯村秀樹（2004）「インプットの発話速度の違いがリスニング力育成に与える影響」日本英語検定協会 *Step Bulletin* 16. 125-130.
石原真弓（2000）「雑音・雑踏のなかのリスニング」東京：明日香出版社.
Kahn, D. (1978) Syllable-Based Generalizations in English Phonology, Indiana University Linguistic Club. (1976 MIT Ph. D. Dissertation).
Kaisse, E. M. (1985) Connected Speech: *The Interaction of Syntax and Phonology*. New York: Academic Press.
川越いつえ（2001）『英語の音声を科学する』東京：大修館.
Ladefoged, Peter (2000) Vowels and Consonants. Oxford: Blackwell.
前新直志（2002）「学齢期の重度吃音児における精神テンポ」聴能言語学研究 19, 75-82.
Mazuka, R. (1996) Can a Grammatical Parameter be Set before the First Word? Prosodic Contributions to Early Setting of a Grammatical Parameter. *Signal to Syntax*. Hillsdale, NJ: Lawrence Erlbaum Associates, 313-330.
Pimsleur, P., Hancock, C. and P. Furey(1977) Speech Rate and Listening Comprehension. in Burt, M. K., Dulay, H. C. & Finocchiaro, M. eds., *Viewpoints on English as a Second Language*. New York: Regents Publishing Co.
Rotenberg, J. (1987) *The Syntax of Phonology*. Unpublished Doctoral Dissertation. MIT. Cambridge, MA.
Roach, Peter (1998) *English Phonetics and Phonology: A Practical Course*. Cambridge: Cambridge University Press.
佐藤　寧・佐藤　努（1997）『現代の英語音声学』東京：金星堂.
Sticht, T. and James, J (1984) Listening and Reading. In: P. Pearson (Ed.) Handbook of Research on Reading. 293-318, New York: Longmans.
杉藤美代子（1996）『日本人の英語』大阪：和泉書院.
Tauroza, S. and Allison, D. (1990) Speech Rates in British English. *Applied Linguistics* 11(1).90-105.
Tokizaki, Hisao (1999) Prosodic Phrasing and Bare Phrase Structure. *Proceedings of the North East Linguistic Society*, Volume one, 381-395. GLSA, University of Massachusetts, Amherst.
Tokizaki, Hisao (2008) *Syntactic Structure and Silence: a Minimalist Theory of Syntax-Phonology Interface*. Tokyo: Hituzi Syobo Publishing.
寺内正典・木下耕児・成田真澄（2004）小池生夫監修『第二言語習得研究の現在』第10章リーディング　東京：大修館.
上田和夫・中島 祥好, Ellermeier Wolfgang and Kattner Florian（2017）Intelligibility of Locally Time-reversed Speech: A Multilingual Comparison with Normalizing Speech Rates (2017) 日本音響学会春季研究発表会講演論文集 1439-1440.
Umeda, N. (1975) Vowel Duration in American English. *Journal of the Acoustical Society of America* 58:434-445.
Underwood, M. (1989) *Teaching Listening*. London: Longman.

柳沢昌義・國松美菜帆・福間加代子（2009）「授業における講師の話速と学生の理解度に関する研究」*Research Report of JSET Conferences* 2009(3). 87-94.

Yasui, M. (1962) *Consonant Patterning in English*. Tokyo: Kenkyusha.

第9章
音声語彙生成のメカニズム
―言語流暢性検査から見た量的・質的検討

浅野恵子

1．はじめに

「1分間で『か』からはじまる言葉，もしくは『動物の名前』をできるだけ多くいってください」といわれたら，どのくらい多くの単語が思いつくだろうか．なるべく多くいおうとして戦略を立てて挑むだろうか．あるいは，いいだしてから次に出てくる単語のつながりをその場で考えながらつないでいくだろうか．これらは「言語流暢性検査（Verbal Fluency Test）」といわれ，本来，臨床心理検査として世界的に広く使用されている検査手法である．言語発達や語彙生成の過程を検討するときに使用しているという観点から，今回，外国語学習者の音声語彙生成過程へと応用したものである．第二言語学習者と母語話者間において，口語語彙生成に異なる特徴性があるかを量的検討し，また，語彙生成数と生成パターンの面から分析し，さらに生成語彙の質的相違の側面から内在語彙の生成方法のプロセスを検討していくこととする．

2．語彙生成

図9.1に示したように，第二言語習得者にとって言語習得とは，4技能，つまり，リーディング力，リスニング力，スピーキング力，ライティング力の総合的習得の向上と捉えることができる．それぞれの技能の習得過程で中核的な役割を果たすものは語彙知識であるといわれている（中村 2004）．語彙獲得については，幼児期の発達段階別研究が盛んである（今井・針生 2007）．音声を認知し，音声言語が書記言語へと結びつけられる過程や，新しい語彙をどのように習得していくか，また，その時期などが研究内容として挙げられる（Mazuka

図9.1　4技能と語彙力の関係

2010).しかし，幼児期とは異なる臨界期以降に第二言語学習者が学習をはじめる時期あるいは学習途上時の語彙獲得や習得，その過程についてはさらなる研究が必要とされるであろう．また，語彙は，大きく2種類に分類することができるといわれている．聴いたり読んだりする場合に理解できる理解語彙と，話したり書いたりする際に使用できる発表語彙である（McCarthy *et al.* 1998).

　この発表語彙の観点から，浅野ほか（2009）では，自由回答による英文作成時に，習熟度の異なる学習者の語彙運用能力についての分析を行った．その際，習熟度上級者グループでは，中級者グループが使用しない量・質ともに異なった語彙を用いて英文を作成していることが観測され，習熟度別学習者により文章作成に使用する語彙能力に違いがあることを検証した．

　本研究では，書き言葉以外のもう一方の発表語彙に相当する，話す際の語彙運用能力を言語流暢性検査という方法で検証する．この検査方法は神経心理学において，臨床現場（Bolla *et al.* 1990）や小児語彙発達（村井ほか2004）を検査する方法として，国内外を問わず広く使用されている（Benton 1983, 伊藤ほか2004）．特にパーキンソン病，てんかん，または認知症などの症例に対しての言語機能や前頭葉機能の評価方法の1つとして国内外で広く用いられ，さらには，神経心理学的検査として健常者の語彙能力を測定し，症例を早期発見するという目的で，幅広い年齢層の大規模集団にも実施されてきている（伊藤2006）．最近は，実際の言語検査の目的のみならず，脳活動測定の際のタスク課題として使用されている．従来，臨床現場での使用が中心であった検査法ではあるが，言語発達測定に使用できるという観点から，第二言語学習者への語彙生成の分析に応用可能であると示唆し，実施を試みる．

3．言語流暢性検査（Verbal Fluency Test）とは

　音声語彙生成について，神経心理学的検査である，言語流暢性課題を実施する．この検査はいわゆる，「ある言語を流暢に話す」といった会話や文章を継続して流暢に読めるかを検査するためのものではない．語彙生成に特化したこの流暢性課題は，2種類からなる．通常1分間という時間内で指定された文字からはじまる単語をできるだけ多く生成する音韻（文字）流暢性課題（Phonemic VF）と，指定されたカテゴリーに属する単語を生成するカテゴリー（意味）流暢性課題（Categorical VF）である．日本語における検査で一般的に使用される課題は音韻流暢性課題においては日本語では「か」,「た」等,英語では"s", "t"等，カテゴリー流暢性課題では「動物」,「スポーツ」,「果物」,「職業」の名前が生成課題として使われることが多い．

　また，この2つの流暢性検査課題は異なった脳内言語処理メカニズムによって遂行されている可能性が指摘されている．音韻流暢性課題は前頭葉に依存し，母語の方が，カテゴリー流暢性課題は側頭葉に依存する度合いが強いといわれ，また，母語話者においては，カテゴリー流暢性検査の方が音韻流暢性検査課題より，優位に生成されるといわれている（Gourovitch *et al.* 2000）．さらに日本人英語学習者が語彙を生成する過程で，英語母語話者と量的生成数が異なる可能性と，母語である日本語と英語とでは異なるタスクを用いている可能性が示唆される．日本人英語学習者と英語母語話者との関係のみならず，今後，他の第二言語学習者とその母語話者においても同様の傾向が見られると仮定する．

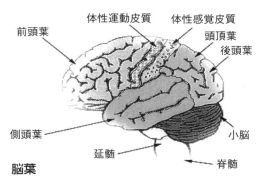

図9.2　2つの異なる脳内言語処理領域

4．全実験についての流れと説明

今回，言語流暢性検査を用いて以下の実験を実施した．

実験1．日本人英語学習者習熟度別によるカテゴリー・音韻流暢性検査の量的分析：習熟度の異なる日本人英語学習者を対象に，英語と日本語の音韻流暢性検査課題とカテゴリー流暢性検査課題を実施した．

実験2．日本語話者，タイ語話者，アラビア語話者によるカテゴリー・音韻流暢性検査の量的・質的分析：日本人英語学習者以外の言語話者において，どのような量的・質的語彙生成が見られるかを実験した．タイ語話者とアラビア語話者の第二外国語に対しても検査を実施した．

実験3．日本語話者とタイ語話者の音韻流暢性検査による Clustering and Switching 法による質的分析：日本語とタイ語の異なる母語話者グループにより，それぞれの母語や第二言語の違いでクラスタリング・スイッチングに特徴的な違いがあるかの分析を試みた．

実験4．習熟度別日本人英語学習者における改訂版による音声語彙生成過程の質的検討：流暢性検査課題項目に縛りがないときに何を手掛かりとして音声語彙を生成しているかを日本人英語学習者にて分析を行った．

5．実験1．日本人英語学習者習熟度別によるカテゴリー・音韻流暢性検査の量的分析

5.1 調査方法

5.1.1 手続き（音韻流暢性検査による量的分析）

調査方法は，被験者が2人1組のペアになり，一方が口頭で語彙生成した単語を他方が聴き，書き取るという方法を採用した．はじめに日本語の音韻流暢性検査課題を行い，次にカテゴリー流暢性検査課題を行った．同じ手順で次に英語の課題を実施した．各検査の遂行時間は1分間である．音韻流暢性検査課題では，「これから1分間でできるだけ多くの『か』・"s"のつく単語をいってください」と共通の教示後，固有名詞，複合語など，一般名詞以外はいわないようにとの指示も行った．一方，カテゴリー流暢性検査課題においても，課題で採用したカテゴリーに属すると思われる単語をできる限り多くの時間内で生成してもらった．指示から逸脱した語，繰り返し出現した語，造語，他の品詞

などを除き有効語のみを集計した．

5.1.2 被験者

被験者は大学生1年生から4年生の男女107名である．被験者はTOEICの点数でグループに分類した．TOEICの点数が600点以上（34名），600点未満500点以上（39名），400点未満（34名）の3グループである．性差が課題の成績の優位差を決定するともいわれているが，50歳未満の若年層，70歳以降の高齢層では有意差が示されないとの調査結果もあり（伊藤 2006），今回は英語能力テストTOEICのみを考慮し被験者の分類に使用した．

5.2 結果

カテゴリー流暢性検査課題と音韻流暢性検査課題の各グループ（上級，中級，初級）の英語・日本語それぞれの平均生成語彙数とSDを表9.1. に示す．日本語音韻流暢性検査課題においては，3グループとも平均生成語彙数に差はなかったが，日本語カテゴリー流暢性検査課題と英語音韻流暢性検査課題では，学習レベルごとの語彙数の増加が観察された．

表9.1 グループ別カテゴリー・音韻流暢性検査課題の日本語・英語平均生成語彙数（SD）

平均値	日本語		英語	
グループ	音韻「か」	カテゴリー「動物」	音韻 "S"	カテゴリー "veg・fruits"
上級 n = 34	16 ± 3.69	23 ± 4.41	17 ± 3.28	12 ± 3.52
中級 n = 39	16 ± 4.46	22 ± 5.97	15 ± 3.47	14 ± 3.36
初級 n = 34	16 ± 4.47	21 ± 6	12 ± 3.47	12 ± 3.36

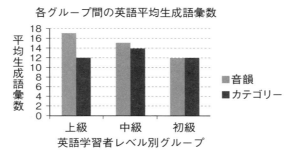

図9.3 各グループ間の英語平均生成語彙数

図9.3は各グループの英語平均生成語彙数を示している．カテゴリー流暢性検査課題においては，どのグループも音韻流暢性検査課題と比べ生成語彙数が少ないが，グループ間の差はあまりない．一方音韻流暢性検査課題においては，初級レベルから12±3.47，15±3.47，17±3.28と習熟度レベルが上がるごとに生成語彙数の増加が見られる．

5.3 まとめ

習熟度の異なる日本人英語学習者を対象に，英語と日本語の音韻流暢性検査課題とカテゴリー流暢性検査課題を実施した．母国語による言語流暢性検査において，カテゴリー流暢性検査課題の方がどの年齢層でも高い成績を示すことが多い（伊藤2006，伊藤ほか2004）との報告に，今回の結果は一致するものであった．日本語における課題に対しては，日本人英語学習者の習熟度別のレベルの違いは反映しなかった．しかし英語で施行されたカテゴリー流暢性検査課題においては優位な差はなく，音韻流暢性検査課題においては英語学習者の習熟度レベルが反映した結果となった．この2つの流暢性検査課題は異なったメカニズムによって遂行されている可能性が指摘されていることと（Troyer *et al.* 1997），さらに日本人英語学習者が語彙を生成する過程において，英語母語話者と異なる可能性と，母語である日本語と英語で異なることが示唆される．今後，音韻流暢性検査課題においては語彙生成産出語数のみならず，産出単語の音節数や，カテゴリー化の分類方法にも着目していくことにする．

6．実験2．日本語話者，タイ語話者，アラビア語話者によるカテゴリー・音韻流暢性検査の量的・質的分析

6.1 調査方法

6.1.1 手続き

基本的には音韻流暢性検査の手続き方法と同じである．音韻流暢性検査課題では，「これから1分間でできるだけ多く指定された文字からはじまる単語をいってください」と教示し，一方，カテゴリー流暢性検査課題においても，同様に課題で指定されたカテゴリーに属すると思われる単語をできる限り多く1分間で生成するよう指示した．通常，音韻流暢性検査課題では，名詞（固有名詞を除く）以外は有効語としないが，アラビア語話者とタイ語話者は日本語を

表9.2 各言語話者と両流暢性課題の指示項目と被験者数

	日本語		英語		各話者の母語	
	P	C	P	C	P	C
アラビア語 n=12	か	果物,野菜	S	Sports	ف	動物
タイ語 n=10	か	果物,野菜	S	Sports	ก	動物
日本語 n=17			S	Sports	か	動物

品詞別に瞬時に判断し,語彙生成することが困難であると思われたため,品詞の指定は行わなかった.指示から逸脱した語,繰り返し出現した語,造語などを除き有効語のみを集計した.このカテゴリー流暢性課題において,例えば「動物」の名前を生成することを指示すると,アフリカの動物(水牛/ゾウ/シマウマ),オーストラリアの動物(カンガルー/ウォンバット/コアラ……),北極の動物(カリブー/ペンギン/北極熊……)のようにカテゴリー内の語彙が尽きると次のカテゴリーから検索するといった例を挙げている.語彙を記憶するときにはその単語の持つ音韻的特徴,視覚的(形態的)特徴,意味的特徴,統語的特徴など,多くのコードを用いて記憶され,カテゴリーが形成される.

6.1.2 被験者

被験者は大学生39名の男女である.内訳は日本人大学1年生(n=17),日本の大学に留学中のアラビア語話者1年生から3年生(n=12,日本滞在歴7か月から4年間),同様に留学中のタイ語話者大学4年生(n=10,日本滞在歴4年6か月から5年間)の3グループである.表9.2のPはPhonemic,CはCategoricalの略である.

6.2 量的分析−音韻流暢性課題

図9.4は,三言語母語話者(日本語,タイ語,アラビア語)の第二外国語と第三外国語における音声流暢性課題の量的分析を示したものである.健常者が母語を産出した場合,必ず,カテゴリー流暢性課題の語彙の方が音韻性流暢性課題より多く産出されていることが知られており,また外国語を産出した場合は音韻流暢性課題の語彙が逆に多く産出されることも知られている点は前節2で述べているとおりである.今回の実験1でも示したように,日本語母語話者においても同じようことがいえた.ここで,この実験2では,日本語とまったく

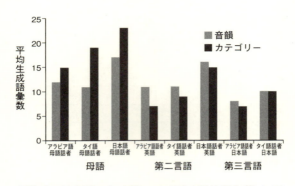

図9.4 日本語，タイ語，アラビア語母語と第二，三言語における音韻流暢性課題の平均産出量

文字形式（書字方向も含め）やアクセント形式の異なる言語の話者である，タイ語とアラビア語についても同じ傾向の量的語彙産出が起こるかを見てみている．また，タイ語とアラビア語話者の第二外国語の音声語彙の産出量も観察してみる．やはり，今回の結果から言語が異なっても，アラビア語話者は第一，二外国語のいずれかにおいて，音韻流暢性課題の語彙を多く産出していた．また，タイ語話者は第一外国語において，アラビア語話者と同様，第二外国語は同数の音韻流暢性課題の語彙を産出していた．

6.3 質的分析－音韻流暢性課題

次に，日本語と英語の音韻流暢性課題においての結果を表9.3，9.4に示す．日本語音韻流暢性課題「か」の三言語の生成語彙頻度順位において，日本語母語話者とアラビア語話者の生成語彙を比較すると，上位に共通の語彙が１つも生成されていない．タイ語話者の語彙は日本語母語話者と重複するものは「蚊」と「柿」以外にはない．また，タイ語話者とアラビア語話者には共通した語彙が上位に出現している．日本語話者が生成した語彙の種類は125語であり，そのうち96語は日本人話者のみにしか出現していない．アラビア人話者のみに出現した語彙は27語，タイ語話者の場合は25語であった．三言語話者間で共通に出現していた語彙は９語（貝，カバン，感，買う，漢字，書く，カメラ，かど，彼女）であった．今回は被験者サンプル数が少ないにもかかわらず，母語話者とそれ以外では生成される語彙の種類に明らかな違いが観察された．

表9.3 日本語音韻流暢性課題「か」における三言語の生成語彙頻度順位（%）

順位	日本語音韻流暢性課「か」					
	日本語話者		タイ語話者		アラビア語話者	
1	亀, 柿, カラス	56	蚊	70	漢字, 書く, カタカナ, カラオケ	33
2	貝	37	感, 漢字	40	借りる, 買う, カバン, カメラ	25
3	蚊	31	カメラ, 簡単, 鍵	30	簡単, 帰る	20
4	カエル, 川, 火事	25	カバン, 柿, 加工, 書く	20	以下1回ずつのみ出現	

表9.4 英語音韻流暢性課題"s"における三言語の生成語彙頻度順位（%）

順位	英語音韻流暢性課題 "S"					
	日本語話者		タイ語話者		アラビア語話者	
1	six, sex	31	sport, sun	40	sun, she, summer	33
2	sax	37	shine, see, son	30	simple, school, sport	25
3	sun, seminar	19	以下1，2回のみ出現			

　一方，英語音韻流暢性課題"s"の三言語の生成語彙頻度順位においては，生成頻度が高い順位に共通している語彙は"sun"のみあった．日本語話者が生成した語彙の種類は138語であり，そのうち，118語は日本人話者のみにしか出現していない．アラビア人話者のみに出現した語彙は47語，タイ語話者の場合は53語であった．三言語話者間で共通に出現していた語彙は6語（sun, student, see, social, support, south）であった．三言語話者間で共通に生成された語彙は少なく，各言語話者に内在している語彙に顕著な相違が見られた．

6.4　質的分析―カテゴリー流暢性課題

　次に，カテゴリー流暢性課題において，各三言語により「動物」の名前と英語による"Sports"の名前を想起する課題を三言語話者グループに実施した．特に「動物」の名前を想起させる課題は世界の各国で実施されている．本来の神経心理学的検査課題として実施し，病状を特定したり，あるいは幼児，高齢者の語彙知識の指標とされてもいる．また，移民の学習者に対しての語彙獲得と

表9.5 英語話者とフィンランド語話者による各母語のカテゴリー流暢性想起課題「動物」における出現種類と10位以内の総数の比較（Pekkala, et al., 2009）

	English (n=30)		Finnish (n=30)	
	Words	Freq	Words (Finnish)	Freq
1	Dog	29	Cow	29
2	Cat	27	Horse	25
3	Tiger	24	Cat	23
4	Lion	20	Dog	23
5	Zebra	18	Sheep	23
6	Giraffe	18	Pig	20
7	Bear	18	Elephant	20
8	Elephant	16	Lion	20
9	Horse	16	Bear	19
10	Kangaroo	15	Giraffe	14

表9.6 日本語話者、アラビア語話者およびタイ語話者による各母語のカテゴリー流暢性想起課題「動物」における出現種類と回答率の比較

	Japanese		Arabian		Thai	
	Words	%	Words	%	Words	%
1	Cat	64	Dog	100	Dog	100
2	Dog	58	Lion	75	Buffalo	90
3	Tiger	58	Cat	75	Fish	80
4	Fish	52	Elephant	58	Bird	80
5	Lion	47	Mouse	58	Chicken	80
6	Whale	47	Giraffe	58	Pig	80
7	Dolphin	47	Donkey	50	Deer/Cow	70
8	Turtle	41	Bird	50	Cat	70
9	Frog	35	Tiger	50	Lion	70
10	Bird	35	Bear	50	Tiger	70

いった学習面の調査に用いている先行研究も見られる（Acevedo et al. 2000）．また文化的背景，言語の相違などを対象とした比較言語的調査もある．表9.5は，英語話者とフィンランド語話者を対象に，各言語における「動物」の名前を想起させる課題を実施した調査の結果である（Pekkala et al. 2009）．共通に出現した動物の名前は10位までの中に7つあり（Cat, Dog, Lion, Horse, Elephant,

Bear, Giraffe），異なる言語間においても共通認識があると示唆している．

本研究では先行研究を踏まえて，三言語（日本語，アラビア語，タイ語）のカテゴリー流暢性課題「動物」の生成語彙について，具体的に比較検討する．表9.6は，カテゴリー流暢性課題「動物」において生成頻度が高い順位を三言語ごとに回答率で示したものである．回答の際には各話者とも母語で産出しているが，表中は比較しやすいように英語で表記してある．

各話者間で10位まで出現したうち5つが共通の名前を産出している．先行研究である，Pekkala et al. (2009) と比べると少ない．先行研究で産出された共通名のうち本研究では3つの名前が共通で産出されていた（Cat, Dog, Lion）．

今回，各言語話者が共通に産出した以外の名前の方に顕著な特徴が見られた．日本語母語話者については10位以内に共通で産出した名前の大半が海に関連した動物であった（Fish (Tuna), Whale, Dolphin, Turtle）．また10位以外の産出語においては，25種類の「サカナ」関連の名前，また14種類の「トリ」関連の名前が生成されている．アラビア語話者は話者の出身地に生息している（Donkey, Bird (Eagle)）の名前を挙げたものが多かった．また，タイ語話者も生活環境に身近に生息する動物の名前が10位以内の中に含まれている（Buffalo, Deer (special type), Cow）．三言語話者に共通した特徴は，各自の生活環境に即した名前を産出していることと，それに関連付けてサブカテゴリカルな名前を産出する傾向が見られた．

次に，表9.7は英語のカテゴリー流暢性想起課題 "Sports" の生成語彙について結果である．三言語話者間において，9位以内で共通に出現した名前は4つであった（Football, Basketball, Track and Field, Tennis）．日本語話者では10位以下，アラビア語話者，タイ語話者の7位以下は産出が数回のみとなるため順位からは除いた．日本語話者が生成した語彙の種類は一番多く40語であり，タイ語話者は27種類，アラビア人話者は21種類の語を産出した．総産出語彙種類は41語であり，Sumoは日本人から産出されなかった唯一の語であった．また，タイ語話者からもBoxingの名前が産出されることは少なかった．"Sports" の名前を想起させることは英語の課題とはいっても言語別の話者においてそれほど異なる種類があるとは当初想定していなかったが，三言語話者間で，様々な異なる語が産出された．

表9.7 日本語話者，アラビア語話者およびタイ語話者による英語のカテゴリー流暢性想起課題 "Sports" における出現種類と回答率の比較

	Japanese		Arabian		Thai	
	Words	%	Words	%	Words	%
1	Soccer	94	Tennis	91	Football	90
2	Baseball	94	Basketball	83	Volleyball	80
3	Volleyball	77	Football	67	Swimming	70
4	Football	71	Swimming	58	Tennis	70
5	Basketball	71	Soccer	42	Basketball	60
6	Track and Field	65	Track and Field	33	Track and Field	50
7	Tennis	59				
8	Rugby	59				
9	Ski	53				

6.5 まとめ

　本研究では，日本語話者，アラビア語話者とタイ語話者を対象に，母語と第二（三）言語の音韻流暢性検査課題とカテゴリー流暢性検査課題で生成される口語語彙に，異なる特徴があるかを量的・質的側面から分析した．音韻流暢性課題においては日本語の「か」からはじまる語と英語の "s" からはじまる語における生成語彙とカテゴリー流暢性課題である各母語話者の母語における「動物」の名前と英語の "Sports" の名前を検討した．

　実験1での結果と同様に，日本語とはアクセント形式や書字形式等が異なる言語の母語話者においても，第一，二外国語を産出する際にはカテゴリー流暢性の方が音韻流暢性課題の語彙より多く産出していた．

　三言語話者間で共通の音韻流暢性課題を観察した結果，日本語母語話者とそれ以外の第二言語話者において，出現する語彙に明らかな違いが見られた．また三言語話者にとって第二言語となる英語音韻流暢性においても，共通に出現した語彙は少なかった．また，カテゴリー流暢課題においては，先行研究（Pekkala *et al*. 2009）において観察された語彙ほどは共通の語は産出されず，個別母語話者のおかれている各国の文化的，社会的環境に即した語の出現が目立った．しかし英語においての課題では，必ずしも自国のスポーツ名はあまり産出されなかった．今後，他の母語話者における内在語彙の共通性も分析していく予定である．また，各話者の言語の親密度，生成方法のプロセスを見るためのカテゴリー化の分類方法など，さらなる質的内容も検討する．

7. 実験3. 日本語話者とタイ語話者の音韻流暢性検査による Clustering and Switching 法による質的分析

7.1 調査方法

7.1.1 手続き

　量的分析のみならず，生成語彙の種類や，生成された語彙の音節数等も分析していく．その際に両流暢性課題の質的語彙の比較も検討する．カテゴリー流暢性課題においては，今までに蓄積された語彙や，形成された概念のうち指示に合致する意味カテゴリーを検索し，そこに属する単語を生成する意味記憶の効率的利用の側面と，ある下位カテゴリーの単語が出尽くしたときには別の下位カテゴリーにアクセスを転換していく認知的柔軟性が求められている．Alexander and Stuss（1998）は言語流陽性課題のプロセスを下位カテゴリーに含まれる語を算出するクラスタリング（Clustering）の過程と，下位カテゴリー間を転換していくスイッチング（Switching）のコンポーネントに分けて考え，クラスタリングは側頭葉と，スイッチングは前頭葉とより関連が深いのではないかと仮説を立て検証を行っている．第二言語学習者は第二言語の音韻流暢性課題において，より多くの語彙を生成しているが，Clustering and Switching の方法を用いて，質的分析を深めていくことにする．

7.1.2 被験者

　被験者は大学生26名の男女である．内訳は日本人大学生１年生18歳から20歳（平均19.9歳）の16名で，海外留学経験はない．TOEFL（ITP）のスコアは平均470点である．タイ語話者は日本の大学に留学中の４年生，10名で，日本滞在歴４年６か月から５年間のグループである．

表9.8　音韻流暢性検査によるクラスタリングの分類

Type of clusterin	Phonemic characteristics of clustering	Example of clustering
1. First letters	words beginning with same first two or three letters	*arm* and *art*
2. Rhymes	words that rhyme	*sand* and *stand*
3. First and last sounds	words, deffering only by a vowel sound, regardless of the actual spelling	*sat*, *seat*, *soot*, *sight*, and *sought*
4. Homonyms	words with two or more defferent spellings	*some* and *sum*, *son* and *sun*

表9.9　日本語・タイ語話者のクラスタリング・スイッチングおよび，語彙産出数の平均値

		生成語彙数	S	C
T native	タイ語話者	11.2	8.7	4.0
J native	日本語話者	14.4	8.93	2.31
T English (L2)	タイ語話者英語	11.4	8.7	2.4
J English (L2)	日本語話者英語	12.1	8.9	4.1
T Japanese (L3)	タイ語話者日本語	10.0	6.3	1.6
M. value	平均値	11.82	8.31	2.9

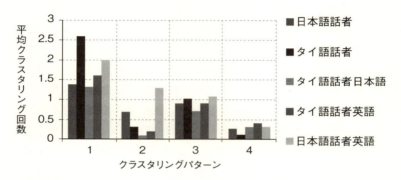

図9.5　日本語・タイ語話者全体のクラスタリングパターンごとの産出頻度

7.2　結果

　表9.9は，日本語・タイ語話者のクラスタリング・スイッチングおよび，語彙産出数の平均値を示している．全体的にタイ語話者は第三言語となる日本語において平均産出数，クラスタリング・スイッチング数が少ない．その一方で母語と第二言語において，平均産出数は少ないにもかかわらずクラスタリング・スイッチングを比較的使用している．日本人英語話者は母語において，平均語彙産出数とスイッチングは多いが，クラスタリング頻度は少ない傾向にある．

　図9.5は，日本語・タイ語話者全体のクラスタリングパターンごとの産出頻度を示している．横軸の1から4の数字は表9.8で述べた音韻指標である．全体的に見ると，パターン1であるはじめの2，3文字が同じ単語はクラスタリングしやすい傾向にある．特にタイ語母語話者においては顕著にクラスタリングを使用している（$p<.001$）．韻を踏むというクラスタリングパターン2において，日本人英語学習者による使用が多く見られた．同音異義語であるパターン4は，

指定された文字からはじめるという制約に加え，クラスタリングする際に意味や文字などそのほかの制約を受けるため，使用を避ける傾向にあるように考えられる．

7.3 まとめ

今回の研究では，日本語とタイ語の異なる母語話者グループにより，それぞれの母語や第二言語の違いでクラスタリング・スイッチングに特徴的な違いがあるかの分析を試みた．

タイ語話者の母語と日本語話者の英語において，音韻パターンの頻度に顕著な差が見られた．この指標は英語に適応されているものを使用した．言語の差異を超えた指標として使用可能であるが，今回の音韻クラスタリング以外にカテゴリークラスタリングを使用している話者もおり，今後さらに，個別言語特有のパターンの検討を加える．また，第二（三）言語を学習する際の語彙習得の容易さ，アクセス順序等への応用も示唆される．さらに，スイッチング機能は言語認知や意味記憶に特に連動するといわれるため，さらなる関連性を今後，分析していく．

8．実験4．習熟度別日本人英語学習者における改訂版による音声語彙生成過程の質的検討

8.1 改訂版言語流暢性検査とは

今回は，特に音韻および意味流暢性検査で産出される際の前後の語彙生成過程の関連性に着目し，分析する．従来の検査において，音韻性流暢検査課題を施行中には音韻的つながりを手掛かりに語彙を産出し，カテゴリー流暢検査課題の際には指定された項目のカテゴリーから語彙を想起させているといわれてきた（Gourovitch *et al.* 2000）．しかしながら，各課題想起時のクラスタリングを観察すると，逆の手掛かりを用いていることも示唆されたため（浅野 2013），想起課題を指定しない形式の改訂版を施行に用いた．この課題は個人の心的辞書や意味記憶（語彙記憶）を映し出していると見ることができる．母語や第二言語の違いでアクセス順序や容易さ，検索方略等に特有な傾向があるかも観察する．

8.2 調査方法

8.2.1 手続き

改訂版において，制限時間は1分間は同じであるが，日本語，英語とも想起課題を指定せず，自由に名詞を産出してもらうという方法を採用した．

8.2.2 被験者

被験者はTOEFL ITPスコアを基に習熟度別に3群に分けた．510～540点の上位群23名，477～493点の中位群18名，310点以下の下位群28名である．内訳は日本人大学生1年生18歳から20歳（平均19.9歳）の計69名の男女で，海外留学経験はない．

8.2.3 結果

表9.10は，改訂版言語流暢性検査（Verbal Fluency Test）における習熟度別日本人英語学習者のクラスタリング・スイッチング回数の平均値を示している．クラスタリングにおいては，音韻的あるいはカテゴリー的手掛かりのどちらを用いているかも提示した．全体的に，習熟度の低い群はクラスタリング・スイッチングを使用する回数が両言語において少ない．スイッチングは今産出した語彙から次の語彙へと移行し，次々と切り替えて産出する指標となるが，この群は言語を問わず困難であると予測される．ただし，個人差も多く見受けられ，回数にばらつきも見られた（2～16回）．クラスタリングにおいては，3つの習熟度群とも英語に比べ，日本語では音韻的手掛かりはあまり用いていない．カテゴリー的手掛かりは中位群，上位群でほぼ，同じ回数を使用して産出している．英語のカテゴリー的手掛かりにおいても日本語とほぼ同じ回数であるのは興味深い点である．

表9.10 改訂版言語流暢性検査（Verbal Fluency Test）における習熟度別日本人英語学習者のクラスタリング・スイッチング回数の平均値

	Japanese Free VFT			English Free VFT		
	S	Clustering		S	Clustering	
		Ph	C		Ph	C
Novice	3.92	0.64	1.85	8.53	1.75	2.72
Intermediate	8.64	0.94	4.5	10.15	3.38	4.11
Advanced	6.95	0.52	4.21	9.91	1.86	4.00

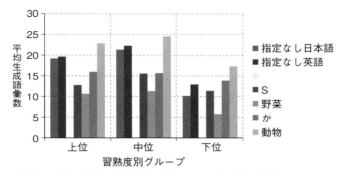

図9.6 習熟度別に改訂版と本来のVFT産出数平均値

　図9.6は，習熟度別に改訂版と本来のVFT産出数平均値を示したものである．指定された文字もしくは項目からはじめる想起課題の場合と比べると改訂版においては，英語・日本語両言語ともどの群もほぼ同じ産出量となっている．習熟度中位群は上位群より多く産出している．

8.3　まとめ

　ここでは，習熟度が異なる日本人英語学習者間で，クラスタリング・スイッチングに特徴的な相違があるか改訂版VFTの分析にて試みた．中，上位群はクラスタリングにおいてカテゴリー指標を両言語とも同じ程度用いて算出していた．習熟度の低い群は日本語においても量・質ともに語彙産出が低く，母語学習への対応の必要性も示唆された．この群は産出の品詞に動詞を多く含んでいたことも特徴的であった．今後さらに個別言語特有のパターンからも検討を加える．また，1つのクラスタリングに対する語彙の含有数や種類等の検討も行う．さらに，スイッチング機能は言語認知や意味記憶に特に連動するといわれるため，さらなる関連性を今後，分析していく．

9．まとめ

　「言語流暢性検査」という，神経心理学において一般的に臨床時に使用されている検査法を用いて，言語学習者の語彙生成を質・量的側面から見てきた．2つの言語流暢性課題である，ある特定の文字からはじめる「音韻性流暢検査」と，指定された項目のカテゴリーから語彙を想起させているといわれている「カテ

ゴリー流暢性検査」は語想起中の脳内活動領域が異なるともいわれている.

また，今回の実験で，母語と第二言語における量的産出側面に違いも見られた．個人が語彙を産出しようとしている際には，個人の語彙想起に何が手掛かりとなり，語彙のアクセス順序，方略等，さらに今後観察する必要がある.

謝辞
本研究の一部は JSPS 科研費 JP24520650の助成を受けたものです.

参考文献

Acevedo, A. L., Loewenstein, D. A., Barker, W. W, Harwood, D. G., Luis, C., Bravo, M. Hurwitz, D. A., Aguero, H., Greenfield, L. and R. Duara (2000) Category Fluency Test: Normative Data for English-and Spanish-speaking Elderly. *Journal of the International Neuropsychological Society*, 6, 760-769.

Asano, K. and K. Fusegi (2010) Phonemic Verbal Fluency Test Analysis for Japanese Learners of English. *Proceedings for The Second PanAmerican / Iberian Meeting on Acoustics*. 128. 2487.

Asano, K. (2011) Word Production Analysis of Native Speakers and Second Language Learners by Phonemic and Categorical Verbal Fluency Test *The 162nd Meeting of Acoustical Society of America / Lay-language paper for World Wide Journal Press*: http://www.acoustics.org/press/162nd/Asano_4aPP3.html.

Asano, K. (2011) An Analysis of Word Production for Japanese Learners of English by Phonemic Verbal Fluency Test. *Proceeding for the Fall Meeting of the Acoustical Society of Japan*. 239-240.

浅野恵子・布施木景子（2010）言語流暢性検査による日本人英語学習者の音声語彙生成の分析．日本音響学会2010年度秋季全国大会講演論文集：377-378.

浅野恵子（2011）発達段階別に見た日本人英語学習者の母語と第二言語の音声語彙生成についての検討－言語流暢性検査による分析－．日本音響学会2011年度秋季全国大会講演論文集：239-240.

浅野恵子（2011）言語流暢性検査による音声語彙生成についての検討－英語，日本語，アラビア語，タイ語における比較言語による分析－．第143回日本言語学会全国大会予稿集：268-273.

浅野恵子（2013）クラスタリング・スイッチング法から見た第二言語と母語の音声語彙生成プロセス比較．日本音響学会2013年度秋季全国大会講演論文集：473-474.

浅野恵子（2014）習熟度別日本人英語学習者による音声語彙生成過程の質的検討－改訂版言語流暢性検査による分析－．日本音響学会2014年度秋季全国大会講演論文集：401-402.

Benton, A. L. (1983) *Contributions to Neuropsychological Assessment*. New York: Oxford University Press Inc.

Bolla, K., Gray, Lindgren, K. N., Bonaccorsy, C. and M. L. Bleecker (1990) Prediction of Verbal fluency (FAS) in the Healthy Elderly. *Journal of Clinical Psychology*, 46, 623-628.

B・ド・ボアソン＝バルディ（2008）『赤ちゃんはコトバをどのように習得するか』東京：藤原書店.

Fasca, L. M., Bramao, M. Mendonca, A., Peterson, K and Reis, A. I. (2006) A dynamic analysis of clustering and switching strategies in Semantic verbal fluency [Abstract]. *International Neuropsychological Society*, Abstract Book, 10.

Gourovitch, L. M., Kirkby B.S., Goldberg T.E., Weinberge D. R, Gold J.M., Esposito G, *et al*. (2000) A Comparison of rCBF Pattern During Letter and Semantic Fluency. *Neuropsychology*, 14. 3. 353-360.

今井むつみ・針生悦子（2007）『レキシコンの構築』東京：岩波書店.

伊藤恵美・八田武志，他（2004）健常成人の言語流暢性検査の結果について―生成語数と年齢・教育歴・性別の影響―．神経心理学 20. 254-263.

伊藤恵美（2006）*Neuropsychological Studies of Verbal Fluency Tests*. Doctoral Thesis in Nagoya University.

Levelt, W. J. M., Roelof, A. and A.S. Meyer(1999)A Theory of Lexical Access in Speech Production. *Behavioral & Brain Sciences*, 23. 1-75.

McCarthy, McCarthy and Norbert Schmitt (1998) *Vocabulary: description, acquisition and pedagogy*. Cambridge: Cambridge University Press.

Melka Francine (1997) *Vocabulary: Description, Acquisition and Pedagogy*. Cambridge: Cambridge University Press.

Meiran, N. (1996) Reconfiguration of Processing Mode Prior to Task Performance. *J. Exp. Psychol. Learn. Mem. Cogn*. 22. 1423-1442.

村井敏宏・山下　光・小川隆夫・中尾和人・藤田香名子・島田優佳・瀧口紗緒理・安井千恵（2004）「小児用語想起課題作成の試みⅠ―小学生の基準データ収集―」大阪教育大学紀要53巻１号．83-89.

中村太一（2004）「語彙の習得」『第二言語習得研究の現在』小池生夫（編）東京：大修館.

Pekkala Seija, Goral Mira, Hyun Jungmoon, Obler K. Lorain, Erkinjuntti Timo and Albert L. Martin (2009) Semantic Verbal Fluency in Two Contrasting Languages. *Clin Linguist. Phon*. 23(6). 431-445.

Sato Yutaka, Mori Koichi, Koizumi Toshizo, Kawai-Minagawa Yasuyo, Tanaka Akihiro, Ozawa Emi, Wakaba Yoko, and Mazuka Reiko (2011) Functional Lateralization of Speech Processing in Adults and Children who Stutter. *Frontiers in Psychology: Language Sciences*, 2, 1-10.

Troyer, K. A, Moscovitch, M and G. Winocur (1997) Clustering and Switching as Two Components of Verbal Fluency: Evidence from Young and Older Healthy Adults. *Neuropsychology*. 11. 138-146.

Troyer, K, A. (2000) Normative Date for Clustering and Switching on Verbal Fluency tasks. *Journal of Clinical and Experimental Neuropsychology*. 22: 3. 370-379.

第10章
言語学習者における内的発話使用過程の研究

浅野恵子

1. はじめに

　「内的発話」(Inner Speech) とは「内言」(Covert Speech) ともいわれ, 自分自身への問いかけや指示出し, 思考の整理や調整などに用い, 音声を伴わない発話だといわれている. 外的に発せられる音声生成や書字を伴う「外言」(Overt Speech) とは区別されてきた. 第二言語習得時に, ある外国語でコミュニケーション機能としての「外言」ができるようになるには, 一定の内的発話を練習する期間が必要であり, 効果的な内的発話が行えるようになってはじめて第二言語習得が進むともいわれている. 本研究ではまずは, 母語話者が内的発話をどのように使用しながら, 外言を獲得していくかを説明する. 次に第二言語習得者としての日本人英語学習者の内的発話の仕組みを探る.「声にならない声, 頭の中での自分自身への思考の道具としての声」としての「内的発話」の介在の有無が特に今回は習熟度の異なる日本人英語学習者においてグループ間に特徴性があるかの検証を試みた. その際に, 質問紙形式として Robson and Young (2007) と McCathy-Jones and Fernyhough (2011) 改訂版を用いた.

2. 内的発話について

2.1　内的発話とは

　「内的発話」(Inner Speech) とは「内言」(Covert Speech, Inner voice, Silent speech, Subvocal activities, Rehearsaling, Silent articulation 等) ともいわれ, 自分自身への問いかけ, 独白や指示出し, 思考の整理や調整・準備などに用い, 音声を伴わない発話だといわれている. 一方, 外的に発せられる音声生成や書字を伴う「外言」(Overt Speech, Speech production 等) とは区別されてきた

（ヴィゴツキー 1962，Vygotsky 1978, 2012）．相手との対話・会話を伴わないコミュニケーション手段であるが，「発話・声には出さないが声」であることで，言語的活動とみなされてきてはいる．通常の音声言語としての外言活動形式とは異なるため直接的音声から内的発話を分析することに困難が生じる．本章において，以下の5項目に焦点を当てていくこととする．

1. 内的発話と外言として発話された音声言語との相違について，脳内処理活動の側面からの先行研究を紹介する．
2. 母語話者にとっての母語としての内的発話とは何か，母語を習得していく過程での内的発話の役割とは何か，また内的発話はどのように獲得していくかを見ていく．
3. 母語で使用される内的発話と第二言語習得におけるそれとはどのように相違があるか，第二言語習得者における内的発話の役割とは何かを検討する．
4. 日本人大学生における日常生活での内的発話の使用状況と，さらに母語である日本語と第二言語である英語使用時における内的発話の使用状況について調査した．特に，英語習熟度の異なる日本人英語学習者において，グループ間に特異性があるかを分析した．その際に言語習得過程でどのように内的発話が使用されているかの検証を質問紙形式にて試みる．
5. 内的発話使用時の使用要素を4項目に分けた質問紙 McCathy-Jones and Fernyhough（2011）改訂版を用い，同被験者において，さらに内的発話の質的内容により相違があるかを英語学習者習熟度別に検討する．

2.2 内的発話と外言の相違

　言語活動と認識されてはいるものの，内的発話が実際に実施されているか否かを，音声言語として聴取し，また，発話時の調音運動を唇の動き等を通して観察し，計測するには困難が生じてきた．fMRI (functional MRI) における脳活動の研究において，ベースラインと内的発話中の脳内賦活化について比較した研究がある（Bullmore *et al.* 2009）．被験者には，"I like X" もしくは "I like being Y" と計測中に声に出さずにいってもらい，外言との比較を行った．その結果，通常言語活動で賦活する左側頭葉言語野に関連した領域に賦活化が観察された．また，内的発話実施時に人称（1人称から3人称）の変化を伴った文章を声に出さずにいう実験では，誰かに声を掛けられているときを調べたときと同じ領域に言語活動の賦活化も観測されていた（Shergill *et al.* 2001）．また，

近赤外スペクトロスコピーによる頭表からの NIRS 信号を用いた内的な発話の検出においても，外言とほぼ同様の血流量と筋血流が観測された．その際，内言時には広頸筋，側頭筋の筋電図の変動は見られず，発声がされていないことが客観的に確認されていた（岩野ほか 2010）．一方，症状として自身の声，もしくは他社からの声が聞こえてしまう「幻聴」時において，fMRI で脳内活動を計測した実験では，外言時に言語活動で賦活化される脳内言語領域とほぼ同じであるという報告もある（McGuire *et al.* 1995）．

2.3　母語における内的発話の機能と過程

　母語話者における母語の発達過程での内的発話の役割とは何であろうか．母語話者は母語の幼児期の使用において，内的発話を活用して思考力，表現力を豊かにしていく．内的発話の重要性を提唱した心理学者の Vygotky, L. S. は，内的発話の発達は以下の過程を経ていると述べている．子供は幼児期を経て，音声を生成しはじめる．いわゆる通常の意味での「発話」（外言 Outer speech）である．コミュニケーションとしての対話・会話を子供同士または大人と行っていき，その経験と蓄積が内的発話を生み出すといわれている．外言から内的発話を行う移行期にある子供は，独り言をいいながら思考をしているといわれ，その独り言がさらに内的発話となるといわれている（塩田ほか 2009）．

　また内的発話は音声言語への発達のみならず，書き言葉（書字外言）へも大きく影響するといわれている．「書字外言は内的発話の後に，それを前提として出現する」といわれている（ヴィゴツキー 1962）．母語における「書き言葉」の発達に関して，日本人における小学校 1 年生の後半までに大半の子供たちが「黙ったまますらすらと書き続ける」等の状態に達しているという報告もあり（内田 1996），すでに小学校 2 年生の子供は，書字外言の使用状況からすでに内言を獲得していると推測できる（塩田ほか 2009）．一方，内的発話は「音読」と「黙読」に対する「読解力」の関係についても影響が及んでいるのではないかともいわれている．まずは誰かに本を「読み聞かしてもらう」ということからはじまり，自分で「声に出して」本が読めるようになる「音読」時期を経て，はじめて「黙読」が可能になるという過程を経ていくという研究がある（Susanne *et al.* 2001）．

　このように母語学習発達期における，内的発話についての研究は教育心理学等でも盛んに行われてきているが，成人期における母語話者の内的発話状況に

ついての研究はあまり見当たらない．成人期もしくは高齢者における，母語話者としての内的発話状況は母語言語学習初期に定着した内的発話形式と異なっていくのか否かを検討する必要があると思われる．

2.4 第二言語学習者における内的発話の役割

　第二言語学習者における内的発話の役割とは何であろうか．母語話者は言語発達期に他者との会話を通して，それらの外言を内的発話へと移行しているということを上記に示した．しかしながら，第二言語学習者が母語を習得するときと同様に，最初に外言がなされ，そこから思考へと発展させるプロセスを経るのは不可能である．第二言語における母語の内的発話の役割は，母語の内的発話から第二言語のそれに移行，あるいは第二言語の発話修正をモニタリングすることにある（Swain 1998）．また，第二言語習得時に，ある外国語でコミュニケーション機能としての「外言」（Overt Speech）ができるようになるには，一定の内的発話を練習する期間が必要であり，効果的な内的発話が行えるようになってはじめて第二言語習得が進むともいわれている（Tomlinson 2001）．

　図10.1は，Fernyhough（2004）における，母語の内的発話の発達モデルを4段階に示したものである．矢印の方向はレベル1からレベル4までの間に外言を通して外在化したものが，徐々に内的発話へと内面化していく様を表している．そして，再拡大・再外在化を繰り返していく．Level 1では，外在化した談話であり，母語話者はここがスタート地点である．自分から発話する前に自分以外の外的発話をシャワーのごとく浴びせられる．次の段階であるLevel 2はいわゆる「独り言」といわれる発話であり，幼児期にこの行為を行っているのをよく聞いたことがあるであろう．Level 2と3の間の点線が内在化と外在化の堺となっている．Level 3からが内的発話が繰り広げられ，さらにLevel 4になるとその内的発話も文章全体を発話するわけではなく，単語レベルに凝縮されたものとなる．

　第二言語習得における内的発話を発達させる状態は，母語のそれとは逆の過程を経ていくと推測される．第二言語学習者は習得する際には，いわゆる「ことばのシャワー」を浴びるには限られたものとなっている．そのため，母語を習得するプロセスは使用できない点を踏まえる必要がある．母語習得とは異なる習得方法と模索する必要があるであろう．Level 3における，内的発話では語彙を文章化する段階の重要な練習時期になり，外在化へ向けて足がかりとなる．

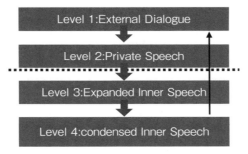

図10.1　Fernyhough（2004）による発達的内的発話の4段階モデル（改訂版）
➡ 内在化への通常の過程（Normal process of internalization）母語習得過程
➡ 拡大前段階 / 再外在化（Pre-expansion/re-externalization）第二言語習得過程

3．調査

3.1　調査内容1（日常時と学習時における内的発話調査）

次に日本人大学生における日常生活での内的発話の使用状況と，さらに母語である日本語と第二外国語である英語使用時における内的発話の使用状況について調査した．特に，英語習熟度の異なる日本人英語学習者において，グループ間に特異性があるかを分析した．英語の習熟度別グループ間における調査という観点から，成績評価基準GPA（Grade Point Average）によって大学生調査対象者として分類し，実際のA日常生活（13項目）とB学習時（7項目）にどのように内的発話を使用しているかについて調査した論文（Robson *et al.* 2007）の質問項目を使用した．今回，特に初級英語学習者には質問項目が英語であると困難だと思われたため，それらを日本語に訳して使用した（浅野 2015）．また，今回の調査の目的である，英語に対しての内的発話使用を分析するために，英語に関連した質問項目（3項目）もBに独自に追加し，合計23項目を調査対象とした．A, B調査項目を表10.1, 10.2に提示する．

3.2　調査手続き

質問紙に回答してもらう前に「内的発話とは何か」についての説明をした．日常生活における項目や使用言語について特定の指示がないときには母語における内的発話について質問されていると判断するように伝えてから実施した．調査は質問紙形式で，「1. まったく当てはまらない」から「5. まったくそのと

表10.1　質問項目A

項目A　日常生活における内的発話

A1	日常生活にて
A2	危機的状況にて
A3	重要なタスクを行うとき，例えば最初のデートの洋服選びなど
A4	一日の計画を立てるとき
A5	身体的活動を加速するとき
A6	いおうとしていることに対してとても注意を払っているとき
A7	賛否を決定するとき
A8	自分にとって新しいことにチャレンジするとき
A9	複雑な手順に従おうとするとき
A10	友達との普通の会話のとき
A11	楽しみのために本や雑誌を読んだりするとき
A12	ビデオ，パソコン，ゲームをするとき
A13	決まりきった仕事，例えば皿洗いをするときなど

表10.2　質問項目B

項目B　学習時における内的発話

B1	授業中ボーっとしてその後集中力を高めるとき
B2	与えられた課題を思い出せなくて，教員の指示を思い出そうとするとき
B3	グループワークの間，グループに貢献したり，他人を批判したりするとき
B4	グループディスカッションの準備で難しい章を読んでいるとき，その教材を理解するため
B5	計画を必要とするライティングの用意をしているときに，紙やPCに書き込む前に行う
B6	クラスで何か課題を書くときに，紙やPCに書き込む前に行う
B7	試験を受けているとき
B8	誰かと英語で話しているとき，声に出す前に文章を形成するとき
B9	英語でプレゼンを行わなければならないときに，全体的なストーリーを組み立てたり構成したりするとき
B10	英語でとっさの一言をいうときに，言葉に発する前に文章を作成するとき

おり」の5件法にて評定された．

3.3　調査対象者

調査対象者は大学生1生から3年生の男女150名（M＝90，F＝60）である．

年齢は18歳から22歳である．性差について，今回の調査対象としていない．調査対象者は TOEFL ITP の点数で2グループに分類した．TOEFL ITP の点数が520点以上660点（86名）までを上級者グループ，390点未満（64名）を初級者グループとした．上級者グループ群においては，海外長期滞在経験者も含まれている．

3.4 調査内容1の結果

習熟度別上級英語学習者と初級英語学習者の項目別平均値と SD を図10.2, 10.3に示す．両項目 A, B 全体的を通して，平均して上級英語学習者の方が内的発話を使用していた．初級英語学習者の方が内的発話を多く使用していた項目は1つもなかった．図10.2において，項目 A である日常生活における内的発話を示してあるが，日本人英語学習者の習熟度の違いは影響しないと仮定して

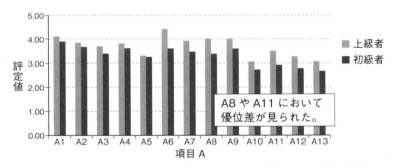

図10.2　日本人英語学習者の習熟度別の日常生活における内的発話

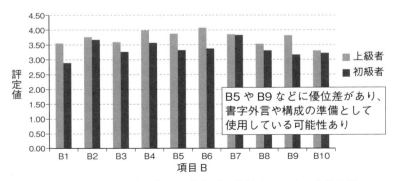

図10.3　日本人英語学習者の習熟度別の学習時における内的発話

第10章　言語学習者における内的発話使用過程の研究 ● 145

表10.3 項目のA習熟度別英語学習者の差

項目	上級英語学習者 n=86		初級英語学習者 n=64		p値	
	平均値	標準偏差	平均値	標準偏差		
A1	4.12	1.022	3.92	.896	.227	
A2	3.87	1.104	3.69	1.082	.309	
A3	3.73	1.100	3.42	1.232	.106	
A4	3.84	1.187	3.66	1.087	.340	
A5	3.34	1.233	3.30	1.191	.841	
A6	4.43	4.578	3.64	1.132	.180	
A7	3.97	1.121	3.52	1.069	.014	*
A8	4.02	1.062	3.42	1.096	.001	**
A9	4.03	1.068	3.64	.998	.023	*
A10	3.12	1.332	2.78	1.240	.119	
A11	3.57	1.288	2.97	1.309	.006	**
A12	3.30	1.266	2.83	1.121	.018	*
A13	3.12	1.409	2.70	1.122	.055	
A合計	48.4535	10.77760	43.4844	8.48714	.003	**

*$p<0.05$ **$p<0.01$

表10.4 項目Bの習熟度別英語学習者の差

項目	上級英語学習者 n=86		初級英語学習者 n=64		p値	
	平均値	標準偏差	平均値	標準偏差		
B1	3.56	1.194	2.91	1.256	.002	**
B2	3.77	1.025	3.69	1.125	.651	
B3	3.60	1.109	3.28	1.091	.077	
B4	4.00	1.074	3.58	1.051	.018	*
B5	3.88	1.121	3.33	1.055	.002	**
B6	4.08	3.255	3.38	1.106	.098	
B7	3.86	1.118	3.84	1.144	.929	
B8	3.55	1.334	3.33	1.009	.275	
B9	3.84	1.136	3.17	.985	.000	**
B10	3.31	1.268	3.23	1.020	.680	
B合計	37.45	8.628	33.73	7.090	.006	**

*$p<0.05$ **$p<0.01$

いた．しかしながら，A8やA11などの項目で，優位差が表れた．

図10.3において示している，項目Bの学習時に行う内的発話についての回答では，B5やB9などに優位差があり，外言時，特に発話に限定されていない書字外言や構成の準備として内的発話が使われていることが示唆された．英語に

対する追加項目である B8, B10においては優位差がなかった．また，A，B 項目係数における相関については，A 項目係数間で .600以上の相関があることが観察された．

3.5　調査内容 2（質的項目細分化における内的発話調査）

内的発話使用時の使用要素を 4 項目に分けた18項目の従来の質問紙 McCathy-Jones and Fernyhough（2011）に，英語に関する質問10項目を追加し，合計28項目の日本語訳の改訂版を用いた．調査内容 1 と同様の被験者，合計150名において調査した．内的発話の質的内容により相違があるかを英語学習者習熟度別に検討する．以下の表10.5が 4 つの要素とそれらの内容，およびその要素に該当する質問紙項目番号である．

3.6　調査手続き

調査内容 1 と手続きは基本的には同様である．質問紙に回答してもらう前に「内的発話とは何か」についての説明をした．質問の 4 要素は知らされておらず，項目や使用言語について特定の指示がないときには母語における内的発話について質問されていると判断するように伝えてから実施した．質問紙の中で言語が明確に限定されている場合は特にその状況を意識して回答するように依頼した．調査は質問紙形式で，「1. まったく当てはまらない」から「5. まったくそのとおり」の 5 件法にて評定された．

表10.5　質問紙の 4 要素とその内容および質問紙項目番号

要素	質問紙項目内容	質問紙番号
要素 1 会話的内的発話 （Dialogic Inner Speech）	他者と話しているときに関連した内的発話	3, 8, 14, 15, 19
要素 2 凝縮された内的発話 （Condensed Inner Speech）	文章ではなく単語レベルで使われる内的発話	1, 2, 9, 10, 11, 12, 20, 21, 22
要素 3 他者との内的発話 （Inner Speech with Other people）	他者から話される内的発話	4, 5, 6, 7, 18, 23, 24
要素 4 評価 / 動機づけにおける内的発話 （Evaluative/Motivational Inner Speech）	自己評価ややる気を起こさせるときの内的発話	13, 16, 17, 25, 26, 27, 28

3.7 調査内容2における結果

調査内容2における結果である．習熟度別上級英語学習者と初級英語学習者の項目別平均値とSDを表10.6に示す．全体的な結果として，平均して上級英語学習者の方が調査内容1と同様に内的発話を多く使用していた．特に優位差のあった質問項目は1, 10, 12, 15, 19である．

上級英語学習者の平均値が一番高かった質問項目は，13番（「正しいかどうかは別にして，自分の行ったことを考えるときに使う」）の3.83であった．一番低い回答平均値は4番（「頭の中で誰か別の人の声が聞こえる．例えば何かバカげたことを行ったときに母が自分を叱ったりする声など」）の2.69であった．一方，初級英語学習においては心の中で，3番（「自問を繰り返し，答えたりするときに使う」）の3.75であり，一番低い回答平均値は25番（「それをしてはいけないと英語で自分に小声で話しかけるときに使う」）の2.34であった．どちらの習熟度学習者も「思考」のために内的発話を多く使用していた．それは言語を問わず，本来内的発話が用いられる一般的な状況を表しているともいえる．初級英語学習者の最も低い回答平均値である25番は「英語で自分に話しかける」という，ある程度の英語習熟度がないと行えない行為だと推測できる．

次に日本語と英語を対比させた質問紙項目10対を見ていく．対となっている質問項目番号は1/2, 5/6, 11/12, 14/15, 21/22, 23/24, 25/26, 27/28 である．以下の図にグループごとの英語と日本語の平均回答数を示してある．図10.4は上級英語学習者について，図10.5は初級英語学習者についてである．その結果，上級英語学習者は日本語のときよりも英語を使用する状況における方が内的発話を使用することが多いわけではなかった．上級英語学習者と初級英語学習者両群に共通していた項目対は1/2のみであった．これらは要素2の「凝縮された内的発話」に相当する．その他の対項目として上級英語学習者は11/12（「完全な文法の英語・日本語よりむしろ速記で書いたときのように使う」），初級英語学習者は9/10（「英語・日本語で完璧な文章を考えるときに使う」）において日本語よりも英語を使用する状況で内的発話を使用していた．上級英語学習者と初級英語学習者において，英語の方がよく用いられていた質問紙はすべて要素2の項目に含まれていた．初級英語学習者は内的発話を通して，英語の文章を組み立ててから使用していると思われる．日英間対質問項目からは使用状況についてあまり両群で差が見られなかった．

次に4要素別に両グループ間での優位性について検討する．以下の表は4要

表10.6　項目 C の習熟度別英語学習者の差

項目	上級英語学習者　n=86		初級英語学習者　n=64		p 値	
	平均値	標準偏差	平均値	標準偏差		
C1	3.53	1.215	2.84	1.027	.000	**
C2	3.26	1.330	2.78	1.061	.016	*
C3	3.70	1.096	3.75	1.141	.777	
C4	2.69	1.391	2.44	1.082	.220	
C5	2.84	1.462	2.84	1.288	.977	
C6	3.10	1.431	2.92	1.325	.426	
C7	2.84	1.336	2.52	1.208	.131	
C8	3.14	1.248	3.11	1.129	.879	
C9	2.76	1.397	3.22	1.031	.021	*
C10	3.61	1.166	3.11	1.114	.009	**
C11	3.27	1.222	2.94	1.052	.078	
C12	3.44	1.058	2.78	.899	.000	**
C13	3.83	.972	3.52	1.368	.125	
C14	3.12	1.172	2.67	1.183	.024	*
C15	3.60	1.044	3.11	1.129	.006	**
C16	2.95	1.413	2.66	1.198	.177	
C17	3.65	1.110	2.91	1.050	.000	**
C18	2.59	1.417	2.58	1.152	.944	
C19	3.66	1.013	3.11	1.170	.002	**
C20	3.24	1.246	2.92	1.251	.120	
C21	3.05	1.226	2.61	.986	.020	*
C22	3.30	1.189	3.13	.984	.320	
C23	2.99	1.467	2.56	1.233	.062	
C24	3.23	1.290	2.86	1.082	.056	
C25	2.90	1.464	2.34	1.144	.011	*
C26	3.37	1.128	2.89	1.143	.011	*
C27	2.94	1.349	2.45	1.167	.022	*
C28	3.57	1.174	3.39	1.121	.348	
C 合計	90.46	20.567	80.95	19.323	.005	**

*$p<0.05$　**$p<0.01$

素別に関連した質問項目の群別優位差を示したものである．両グループ間で要素3（「他者との内的発話」）に該当する質問項目においてのみ有意な差が見られなかった．要素2（「凝縮した内的発話」）に該当する質問項目が，上級英語学習者においてより多く有意差が見られるものとなった．図10.1で示した「発達的内的発話の4段階モデル」に沿って考えると，上級英語学習者は Level 1 の習熟段階に位置づけられるともいえるであろう．

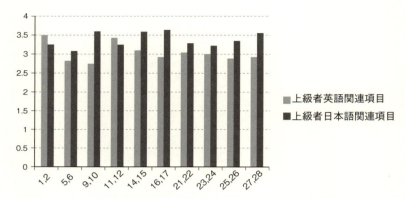

図10.4　日本人上級英語学習者における日英対の質問紙の平均回答

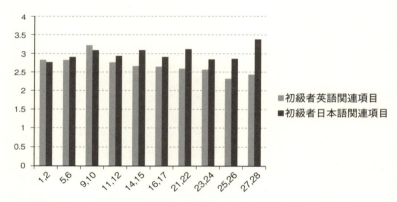

図10.5　日本人初級英語学習者における日英対の質問紙の平均回答

表10.7　各要因の習熟度別優位差

4 Factors	Items significantly differences between 2 groups $*p<0.05$　$**p<0.01$
Factor 1 Dialogic Inner Speech	14*, 15**, 19**
Factor 2 Condensed Inner Speech	1**, 2*, 9*, 10**, 12**, 21*
Factor 3 Inner Speech with Other people	none
Factor 4 Evaluative/Motivational	17*, 25*, 27*

4．まとめ

　今回，母語と第二言語習得における内的発話の役割と機能およびその過程について比較・検討してきた．まずは，2種類の質問紙により習熟度別英語学習者の内的発話使用状況を調査した．調査内容1では日常生活と学習時における使用状況を調査し，調査内容2では各質問項目をMcCathy-Jones and Fernyhough (2011) の内容項目細分化に従い4要素に分け，要素ごとに検討を行った．英語と日本語の言語使用状況の相違を見るために英語に対する質問項目も追加して対になるように改訂版を作成したものを調査に使用した．調査内容1，2の両調査とも上級英語学習者の回答平均値が高く，初級英語学習者が回答平均値で上回る質問事項は一つもなかった．

　調査内容1では，習熟度の異なる日本人英語学習者における内的発話の使用についての調査を行ったが，英語習熟度との関連を想定していなかった日常生活における内的発話において，優位差が見られた．両項目A，Bとも手続きや手順を必要とする，もしくは書字外言の準備として上級英語学習者は内的発話を使用しているという結果が平均値から示唆された．母語においても，書字外言は内的発話が行えるようになることとの関連性が深いため，今後さらに母語との関連性も検討していく．質問項目係数間の相関については，A7, 8, 9は相互に相関が見られた．別項目間の相関はなかった．

　また，調査内容2の要素別検討において，他者から話しかけられる内的発話には両グループ間の優位差が見られなかった．上級英語学習者は要素2に相当する凝縮された内的発話を日本語，英語両方においてよく使用しているといえ，初級英語学習者とは異なっているため，初級英語学習者はまずその段階をクリアする必要性があるといえよう．

　今回の調査は限定された質問紙の内容であり，一口に「内的発話」といってもそこで意味する内容の多様性が多岐にわたるため，定義を限定して言及する必要があることが今後の検討事項ともなろう．また実際にどのような内容の内的発話を発しているか，具体的な質的言語を調査することで，定義を細分化できると思われる．さらに，外言発話としては性差があるともいわれているが，実際に内的発話においての性差が生じるか否かも今後の検討課題とされる．今後，さらに調査対象者を細分化し，調査をする予定である．また，対象因子を細分化した調査方法を用いて（Wilson and Dewaele 2010, McCathry-Jones and

表10.8　全質問項目

	以下の様々な場面で英語また母語（日本語）で内的発話を使いますか．
1	英語で完全な文章よりむしろ短いフレーズや単語のときに使う．
2	日本語で完全な文章よりむしろ短いフレーズや単語のときに使う．
3	心の中で，自問を繰り返し，答えたりするときに使う．
4	頭の中で誰か別の人の声が聞こえる．例えば何かバカげたことを行ったときに母が自分を叱ったりする声など．
5	誰か別の人が英語で自分に質問をされた経験がある．
6	誰か別の人が日本語で自分に質問をされた経験がある．
7	誰かが頭の中で自分をなじる声が聞こえたとき．
8	自分で心の中で考えるとき，独白よりむしろ自分と会話をすることが多い．
9	英語で完全な文章を考えるときに使う．
10	日本語で完全な文章を考えるときに使う．
11	完全な文法の日本語よりむしろ速記で書いたときのように使う．
12	完全な文法の英語よりむしろ速記で書いたときのように使う．
13	正しいかどうかは別にして，自分の行ったことを考えるときに使う．
14	心の中で，英語で問いかけるときに使う．例えば，自分と会話をするとき．
15	心の中で，日本語で問いかけるときに使う．例えば，自分と会話をするとき．
16	英語で自分が何かを行うと自分に小声で話しかけるときに使う．
17	日本語で自分が何かを行うと自分に小声で話しかけるときに使う．
18	今まで他の人から自分にいわれたことがないようなことが，実際の声として頭の中で聞こえる．
19	物事について，心の中で，繰り返したり話したりするときに使う．
20	声に出していうときよりも心の中でいっているときの方が短い．例えば，「私は店に行く必要がある」という代わりに「店」と心の中でいうとき．
21	もし，紙に自分の考えを書いたとしたならば，英語で通常の文法に沿った文章を読むであろう．
22	もし，紙に自分の考えを書いたとしたならば，日本語で通常の文法に沿った文章を読むであろう．
23	今まで他の人から実際に英語でいわれたことのある声が，実際の声として聞こえる．
24	今まで他の人から実際に日本語でいわれたことのある声が，実際の声として聞こえる．
25	それをしてはいけないと英語で自分に小声で話しかけるときに使う．
26	それをしてはいけないと日本語で自分に小声で話しかけるときに使う．
27	自分のふるまいを英語で評価するとき．例えば，自分で「それは良かった」もしくは「それはダメだった」といったりするなど．
28	自分のふるまいを日本語で評価するとき．例えば，自分で「それは良かった」もしくは「それはダメだった」といったりするなど．

Fernyhough 2011），さらに分析を行っていく予定である．

謝辞
本研究は平成28年度順天堂大学医学部一般教育共同研究費の助成を受けて行われた．

文献
浅野恵子（2015）習熟度別日本人英語学習者における内的発話の使用についての分析．平成27年度日本音響学会秋季研究発表会講演論文集: 317-318.
Bullmore, F., Horwitx, B., Honey. G., Brammer, M., Willinams, S., and T. Sharma (2009) How Good is Good Enough in Path Analysis of fMRI data? *Neuroimage*, 11. 289-301.
Fernyhough, C.(2004) Alien Voices and Inner Dialogue: Towards a Developmental Account of Auditory Verbal Hallucinations. *New Ideas in Psychology*, 22. 49-68.
岩野孝之・高橋俊光・滝川順子・川越礼子・渋谷　賢・北澤　茂（2010）「近赤外スペクトロスコピーを用いた内的な発話の検出」島津評論，Vol.66 No. 3・4．
McCarthy-Jones, S. and Fernyhough, C. (2011) The Varieties of Inner Speech: Links between Quality of Inner Speech and Psychopathological Variables in a Sample of Young Adults. *Consciousness and Cognition*. 20, 1586-93. 2011.
Robson, D. C. and Young, R.(2007) Listening to Inner Speech: Can Students Listen to Themselves Think? *Intl J of Listening* 21.1, 1-13.
Shergill, S.S., Bullmore, E. T., Burammer, M. J., Williams, S. C. R., Murray, R. M., and P. K. McGuire (2001) A Functional Study of Auditory Verbal Imagery. *Psychological Medicine*, 31. 241-253.
塩田裕子・青柳　宏（2009）「内言の充実と心の成長（その一）」宇都宮大学教育学部教育実践総合センター紀要 第32号．135-142.
Susanne, M. P., and A. W. Katherine (2001) "Read in your Head":A Vygotskian Analysis of the Transition from Oral to Silent Reading. *Reading Psychology*. 22:1. 1-15.
Swain, M. (1998) Integrating Language and Content Teaching though Collaborative Tasks. *RELC Annual Seminar*. Singapore.
Tomlinson, B. (2001) The inner voice: A Critical Factor in L2 Learning. Coreil. C. Ed., The *Journal of the Imagination in Language Learning and Teaching*. 26-34.
内田伸子（1996）『ことばと学び：響き合い，通いあう中で』東京：金子書房．
ヴィゴツキー著．柴田義松訳（1962）『思考と言語 上』東京：明治図書出版．
Vygotsky, L.S. (1978) *Mind in society: The Development of Higher Psychological Processes*. Cambridge, MA: Harvard University Press.
Vygotsky, L.S. (2012) *Thought and Language*. Cambridge, MA: The MIT Press.
Wilson, R. and Dewaele. J. (2010) The Use of Web Questionnaires in Second Language Acquisition and Bilingualism Research. *Second Language Research*. 26. 103-123.

おわりに

「音声の研究は糸を紡いで織りなしていくようなものだ」

20年以上前に恩師からいわれた言葉をふと，思い出すときがある．「縦の糸ばかりに気を取られていると横の糸が緩む．横の糸を引っ張りすぎると縦の糸がおろそかになる．常にバランスを考えながら織っていかないと反物として成し得ないぞ」その当時はいわれていることの意味がよく理解できなかった．しかし，今二十年以上の時を経て，ようやく恩師の伝えたかったことがわかりかけてきた気がする．

本書の執筆者たちは文系の大学の学部生だった頃に英語音声学，特に調音音声学と出会い，それぞれ大学院に進学し，言語音の物理的な側面を扱う音響音声学をはじめ，言語音の知覚，分節素と超分節素の果たす言語学的な役割など，音声学の他の側面についてもさらに学んだ後，現在も音声研究に勤しんでいる．中野重雄は主に英語のリズムを中心とした日英語話者間での英語発話の比較研究をし，佐藤努は英語のイントネーションや機能語の弱形，母音や子音の長さの果たす役割についての言語間の比較などについての研究を行い，浅野恵子は母語話者と第二言語学習者の音声の生成と知覚を特に脳内処理機構の観点から現在，研究を進めている．

この度，浅野恵子の夫でもあり良き理解者でもある，浅野清彦（当時，東海大学経営学部学部長）から，出版の話が持ち上がった．そこから，東海大学出版部のご厚意もあり，各自の研究業績の一部を出版する機会に恵まれた．東海大学出版部の編集者，稲　英史様の多大なるご尽力に感謝をしてもしきれない思いでいっぱいである．

恩師がいうように「音声という糸を紡ぎ，織りあげ，反物になる」にはまだ道半ばである．しかし，その言葉を胸に，音声の研究が織り上がるまで歩みを止めるつもりはない．

索引

【記号・数字】
/t/ の弾音化　111, 113
+Volitive　46, 47, 60, 61
4技能　101, 119, 120
5件法　144, 147
5段階音声速度分類　97, 98

【A】
adjunct　62
ambisyllabic　113
authentic　95

【C】
Categorical VF　121
Centroid　2, 33-42
Clustering and Switching 法　3, 122, 131
coarticulation　114
consonant cluster　111
Covert Speech　139

【D】
disjunct　62
dubitative　45, 47, 52, 60, 61
Durational Ratio (DR)　2, 78

【E】
ease of articulation　111

【F】
fMRI (functional MRI)　140, 141

【I】
IM (Interval Measures)　7
indubitative　45, 47, 60, 61, 62
Inner Speech　139
intonation phrase　103
intrusive 'r'　115

【L】
linking n, linking r　111, 114
LPC　108

【M】
mid-central　111

【N】
near-authentic　95

【O】
Overt Speech　139, 142

【P】
palatalization　111, 113, 114
pause　116
Phonemic VF　121
PVI (Pairwise Variability Index)　1, 5-12, 14-17, 19, 20, 22-24, 27-29, 35, 36

【R】
Rehearsaling　139

【S】
schwa weakening and deletion　111
secondary articulation　114
Silent articulation　139
Silent speech　139
sonorantize　113
speech rate　116
Subvocal activities　139
Survey of English Usage (SEU)　46

【T】
t-flapping　111, 113
TOEIC　123

【V】
Verbal Fluency Test　3, 119, 121, 134
-Volitive　46-48, 53
Vygotky, L. S.　141

【あ】
あいまい母音　2, 31, 33, 35, 105, 106, 108-112

あいまい母音の弱形化および削除　111
アクセント形式　126, 130
頭高型　2, 65-68, 71, 74, 75
アフロ・アジア語族　81
アメリカインディアン　81
アラビア語話者　122, 124-130
アルタイ語族　79

【い】
異音　95, 113
イントネーション　2, 7, 45, 102, 155
インド・ヨーロッパ語族　79

【え】
英語習熟度　3, 101, 140, 143, 148, 151
英語能力テスト　123
英語リスニング教材　100
映像・音声コンテンツ　101
エストニア語（Estonian）　78

【お】
オーストロアジア語族　81
オーストロネシア語族　78, 79, 81
オセアニア言語　78
音韻規則　110, 114
音韻（文字）流暢性課題　3, 121, 125-127, 130, 131
音響的特徴　96
音声教材　95, 97, 100, 101, 103, 104, 106-109, 115
音声指導　95
音声速度　3, 95-98, 100, 101, 104, 105, 108, 114, 115
音声的連続性　114
音声波形　66, 79, 80, 108
音節拍リズム　6, 7, 10, 12, 21
音素　7, 25, 77, 95, 113
音素対立　77
音調　2, 47, 60-63, 114
音調強勢記号　45, 62, 63
音調句　46, 49, 52, 56, 58, 60, 62, 63, 103
音調句境界　45, 62, 63
音読　141

【か】
下位カテゴリー　131
外言　139, 140-142, 145
外在化　142
介入のr　115
学習指導要領　101, 102, 104
確信性　52, 61, 63
下降上昇調　45-47, 55-59, 61
下降調　2, 45-50, 52-57, 60, 61, 63
カテゴリー（意味）流暢性課題　3, 121, 125, 127, 130, 131

【き】
キカンバ語（Kikamba）　77
機能語　6, 31, 37, 102, 105-108, 111, 155
強意語　53, 55, 58
響音化　113
教科書音声準拠教材　3, 95
強化的　46, 47, 62
強化的副詞　45, 48, 49, 55, 60, 63
強形　33, 36, 105, 106, 108
強勢　61, 102, 113
強勢言語　61
強勢拍リズム　5-7, 10, 19
キリバス語（Kiribati）　77-79, 81-86, 93
近赤外スペクトロスコピー　141
筋血流　141

【く】
区切り　102

【け】
継続時間長　2, 77, 78, 85
継続性　56, 62, 63
形容詞　83-85
血流量　141
言語機能　120
言語的発達要因　97, 115, 119-122, 124, 135
言語流暢性検査　3, 119-122, 124, 133-135

【こ】
語彙獲得　119, 120, 127
語彙生成　119-122, 125, 135
好意的（conciliatory）　56, 63

硬口蓋音　　114
合成音声　　2, 71
広帯域スペクトログラム　　37, 79, 80
語境界を介した口蓋音化　　111
個別言語特有　　97, 133, 135

【さ】
サウンドスペクトログラム　　108
サモア語（Samoan）　　84
サンプリング周波数　　108

【し】
子音連結　　108, 111, 113
歯茎音　　113, 114
持続時間　　96, 108, 110, 112
実践的コミュニケーション能力育成　　101
質問紙形式　　3, 139, 140, 143, 147
自動詞・他動詞　　78, 83, 85, 87
弱音化　　106, 108
弱形　　105, 106, 108, 111, 155
自由回答　　120
縮約形　　105, 106
受動態　　84, 85, 90
上級英語学習者　　145, 146, 148-151
上昇下降調　　46, 53
上昇調　　2, 45-49, 52, 55-63
使用頻度　　113
初級英語学習者　　143, 145, 146, 148-151
書字外言　　141, 145, 146, 151
書字方向　　126
シロジ語（Silozi）　　79, 85, 87, 93
新情報　　57
心的態度　　2, 56, 58, 63
心的態度機能（attitudinal function）　　56, 59
心理的聴覚印象　　97

【す】
文強勢　　31, 106

【せ】
制限的　　46, 47
制限的副詞　　45, 47-49, 55, 60, 63
性差　　123, 145, 151
成節音化　　109, 110

成節子音化　　108
声調言語　　61
前頭葉機能　　120
前頭葉　　121, 131

【そ】
側頭葉　　121, 131

【た】
第一，第二フォルマント周波数　　108
タイ語話者　　122, 124-133
第二言語学習者　　3, 119-121, 131, 142, 155
脱落　　31, 105, 106, 108-111
弾音化　　111, 113
単数形・複数形　　78, 83, 85, 86, 89, 90
談話的機構　　56

【ち】
知覚実験　　2, 65, 71, 75
ピッチ・アクセント　　2, 65, 74, 75
中高型　　65
中舌（mid-central）　　111
聴解速度　　98, 116
聴取実験　　99

【つ】
ツバル語（Tuvaluan）　　81-85, 89, 93

【と】
度合い　　2, 36, 45, 46, 52-55, 63, 68, 97, 121
同時調音　　114
読解処理　　3, 95, 96
読解処理速度　　99
読解速度　　98, 99, 116

【な】
内言　　139, 141
内在化　　142, 143
内的発話　　3, 139-149, 151, 152

【に】
ニジェール・コンゴ語族　　79
日本人大学生　　3, 131, 134, 140, 143

【ぬ】
ヌエル語（Nuer）　77

【ね】
ネラ語（Nera）　78

【の】
脳内言語処理メカニズム　121
脳内賦活化　140

【は】
派生形　83, 85
パーソナル・テンポ　97, 116
発表語彙　120
発話　1, 2, 6, 7, 9, 11, 13, 20, 21, 25, 31, 34, 75, 96, 103-105, 108-110, 112, 114, 115, 139-142, 146
発話速度　3, 95-98, 105, 110, 111, 113, 115, 116
ハワイ語　81-85, 89, 93

【ひ】
鼻音　26, 77, 82, 84, 108, 109
ヒダーツァ語（Hidatsa）　77, 78
左側頭葉言語野　140
独り言　141, 142
ヒンディー語（Hindi）　78, 79, 84-86, 88, 93
頻度　46, 54, 59, 96, 111, 133

【ふ】
フォルマント　8, 11, 31-33, 37
付加詞　62, 63
副次調音　114
付接詞　62, 63
プラップ語（Pullapese）　77
フル語（Fur）　78
プルワット語（Puluwatese）　77, 78
プロアナ語（Pulo Annian）　78
文間・文中ポーズ　96
分節素　77, 78, 83, 155

【へ】
平坦調　47
平板化　2, 65, 67, 68, 70, 71, 74, 75

平板型　2, 65, 66, 68, 70, 71, 74, 75

【ほ】
母語話者　1, 2, 3, 8, 99, 100, 103-110, 115, 121, 126, 130, 139-142, 155
補償効果　1, 2, 19, 24-27, 29
ポリネシア　81-83

【ま】
毎秒単語数　97, 98
毎分単語数　97, 98
マクロ・チブチャン語族　79

【み】
ミクロネシア　81-83
ミスキト語（Miskito）　79, 86, 88, 93
ミへ語（Mixe）　77

【め】
名詞とその動作　85
メレ語（Mele）　82-85, 90, 93

【も】
黙読　141
文字形式　126
モーラ拍リズム　6, 7, 10
モンゴル語（Mongolian）　78, 79, 83, 85-87, 93

【ゆ】
有声音化　113

【り】
理解語彙　120
リズム　1, 2, 5, 7, 12, 19, 21-23, 29, 102, 155
リーディング過程　98
リーディング力　98, 119, 120
流暢さ　102
両音節　113
臨床心理検査　3, 119

【れ】
連結のn，連結のr　111, 114

著者紹介

浅野　恵子
学　歴		横浜国立大学大学院教育学研究科英語教育専攻（教育学修士）
		東京大学大学院医学系研究科第一基礎医学生理学専攻満期退学
		東北大学大学院情報科学研究科　博士（情報科学）
現　職		順天堂大学医学部一般教育外国語　先任准教授
専　門		英語音声学，英語学習者における音声の生成と知覚

中野　重雄
- 学　歴　明治学院大学大学院文学研究科英文学専攻博士後期課程
　　　　　単位修得満期退学
- 現　職　明治学院大学文学部英文学科　非常勤講師
　　　　　東京家政大学共通教育推進室　非常勤講師
- 専門分野　音声学　英語のリズム

佐藤　努
- 学　歴　ロンドン大学ユニバーシティカレッジ
　　　　　PhD（Phonetics）
- 現　職　明治学院大学文学部英文学科　教授
- 専門領域　オセアニア言語学

装丁　中野達彦

様々な分析手法からとらえた音声の生成と知覚

2019年2月10日　第1版第1刷発行

- 著　者　浅野恵子・中野重雄・佐藤　努
- 発行者　浅野清彦
- 発行所　東海大学出版部
　　　〒259-1292神奈川県平塚市北金目4-1-1
　　　TEL 0463-58-7811　FAX 0463-58-7833
　　　URL http://www.press.tokai.ac.jp/
　　　振替　00100-5-46914
- 印刷所　港北出版印刷株式会社
- 製本所　誠製本株式会社

© Keiko ASANO, Shigeo NAKANO and Tsutomu SATO, 2019　　ISBN978-4-486-02170-4

・ JCOPY ＜出版者著作権管理機構 委託出版物＞

本書（誌）の無断複製は著作権法上での例外を除き禁じられています．複製される場合は，そのつど事前に，出版者著作権管理機構（電話03-3513-6969，FAX 03-3513-6979，e-mail: info@jcopy.or.jp）の許諾を得てください．